随园大家丛书

厚生育英才
吴贻芳

钱焕琦 孙国锋 著

南京师范大学出版社

◎ 金陵女子大学校长吴贻芳博士(1893—1985)

目 录

壹　家庭悲剧　造就坚毅个性

一、温馨的家 …… 003
二、姐妹求学 …… 005
三、家庭悲剧 …… 008

贰　求学生涯　展现领袖气质

一、贻芳复学 …… 021
二、金女大学生自治会的第一任会长 …… 023
三、女高师的吴先生 …… 034
四、密执安大学的中国学生会会长 …… 036

叁　执掌金女大　厚生育英才

一、应聘金女大 …… 045
二、智慧地完成学校注册 …… 048
三、调整办学宗旨 …… 052
四、以"厚生"校训引领　实践"全人格教育" …… 055

肆　抗战烽火　铸就铿锵玫瑰

一、西迁之前 …… 083
二、华西坝的岁月 …… 091
三、参政会女主席 …… 103
四、《金陵自传》…… 107
五、"六人教授团"赴美宣传抗战 …… 109
六、"万家生佛"华群 …… 111
七、联合国制宪会议的中国女代表 …… 119

伍　选择新中国　融入新政府

一、新中国成立前夕的风云 …… 129
二、融入新政府 …… 141

三、教会大学的消亡 …… 144

陆　鞠躬尽瘁　服务人民

一、献身新中国的教育事业 …… 153
二、潜心关注妇女儿童的发展 …… 163
三、与中国共产党风雨同舟、肝胆相照的朋友和同志 …… 171

柒　享誉中外的"和平与智慧女神"

一、促进世界和平　祖国统一 …… 185
二、接受"和平与智慧女神"奖 …… 191

捌　凝聚校友力量　传承教育理想

一、视毕业生为学校发展的宝贵财富 …… 205
二、魅力无穷的校友会凝聚了校友力量 …… 217
三、最后的礼物:"再办一个金女大" …… 239
四、建设金女院　实现校长遗愿 …… 245

玖　高风亮节　一代师表

一、学生在她的心中 …… 257
二、关爱每位教职员工 …… 265
三、简朴的生活 …… 271
四、"公和私一定要分明" …… 276
五、人民的致敬 …… 278

附录：吴贻芳生平大事 …… 286
参考资料 …… 302
后记 …… 306

壹

家庭悲剧 造就坚毅个性

> 短短的一个月中,哥哥、妈妈、姐姐相继谢世,人生的不幸几乎全集中到我身上,我真是哀不欲生,也萌生了轻生的念头。幸亏二姨父陈叔通先生谆谆地开导我,才使我又鼓起了生活的勇气……
>
> ——吴贻芳

一　温馨的家

公元 1893 年 1 月 26 日,湖北武昌候补知县吴守训的妻子朱诗阁,顺利产下一女婴。在此之前,夫妻俩已有一儿一女:吴贻槼和吴贻芬。吴守训为这个女儿取名"贻芳",合"贻芬芳"之意。因为这个女儿是冬天出生,因此别号"冬生"。在贻芳之后,家中又添了个小女儿贻荃。①

吴守训的祖上原是江苏泰兴的书香门第,后迁居杭州。吴守训的祖父是翰林,父亲是举人。吴父到武昌做官以后,全家迁往武昌居住。吴守训的妻子朱诗阁,是一位祖籍杭州的大家闺秀,粗通文墨,知书达理。她勤俭持家,相夫教子,把一个家治理得井井有条。

吴守训是吴举人的独子,苦读多年才考取了秀才,但考举人却屡试不第。为了养活妻儿老小,无奈之下做了一名私塾先生,靠微薄的收入勉强糊口,生活十分拮据。经吴守训父亲吴举人生前故交的多方斡旋,吴守训被任命为县牙厘局局长。牙厘局

---

① 朱学波著:《吴贻芳》,江苏文史资料编辑部,1993 年版,第 1 页。此著为较早系统研究吴贻芳生平的成果。

是水陆交通要道征收税款厘金的机构。长江穿湖北而过,牙厘局自然成为湖北的重要税收机构之一,牙厘局局长也被看做是一肥缺。可吴守训既不会利用职务之便受贿、索贿、放高利贷,也不善结交权贵、巴结上司。做事向来遵纪守法,克己奉公,是个公认的实在人。他的收入就是工资。一家老小日子虽不富裕,但算得上安逸。1904年,吴守训被调到湖北当阳县任知县。因当阳穷困,他决定自己一人赴任,全家仍留在武昌。一家人过着平凡而温馨的生活。

◎ 1907年吴贻芳全家和陈叔通兄弟二人合影。前排左起吴守训、吴贻荃、朱诗阁、祖母、陈叔通的二兄陈仲恕、陈叔通。后排左起吴贻芳、吴贻芬、吴贻榘。

当时的中国,正发生着翻天覆地的变化,清王朝已是穷途末路。西方思想大量传入中国,女学思想也广为传播。自幼生长于闺门之内的吴家姐妹也受到影响,贻芬和贻芳姐妹俩常常在私下里嘀咕:为什么贻榘可以在外上学,为什么她们就只能待在闺阁跟父亲识字念书?为什么男人能当家立业,而女人只能一

辈子围着锅台转？每当看到奶奶那双小脚,姐妹俩就不禁感叹:
难道自己也要走奶奶的路吗？

二　姐妹求学

一天,母亲朱诗阁的娘家亲戚从杭州来到吴家探亲。闲聊中说起杭州开办了一所女子学堂,名叫弘道女子学堂,专门招收女生。这所学校的教学完全按照西方模式设置课程,不仅有人文课程,还设有当时许多中国人从没听说过的自然科学课程。学校教师也深受新思想的影响,不仅教授女生先进的知识,还鼓励女生走向社会,为建设国家出力。学校充满了民主与科学的气息,与传统私塾完全不同。贻芬和贻芳听在耳中,喜在心头,她们是多么想去杭州上学啊！姐妹俩私下商量后,正式向长辈们提出要去弘道女子学堂读书。哪知父亲吴守训一口回绝。吴守训认为,贻槩是家里的独子,是吴家的希望,将来要靠他考取功名,光耀门楣,两个女儿按老规矩好好在家念念书,学好女红,将来找个好人家才是正事。姐妹俩据理力争但还是遭到拒绝。贻芬从小性情刚烈,上学之事被拒后一直愤懑不已,一时想不开,竟然萌发了轻生的念头,趁家人不备,吞下了一枚金戒指。幸好母亲及时发现,经郎中救治,才捡回一条命。吴守训闻讯,慌忙从任上赶回家中。他没想到贻芬姐妹把上学看得这么重要,没想到贻芬会如此刚烈。他怕今后再有不测,于是和母亲、妻子商量后,决定送姐妹俩到弘道女子学堂上学。就这样,经过以命相拼,姐妹俩终于得到上学的机会。

1904年,姐妹俩来到了古城杭州,进入杭州弘道女子学堂学习。这一年,贻芬15岁,贻芳11岁。姐妹俩非常珍惜这来之不易的学习机会,每天发奋苦读,很少出去玩耍。生活上,杭州的亲戚们给予姐妹俩不少关照,尤其是二姨妈一家。二姨妈从小就和贻芳母亲感情深厚,二姨父陈叔通[①]知识渊博,为人朴实敦厚,是杭州当地名流,对姐妹俩也疼爱有加,尤其关心她们的学习,经常给她们讲一些人生的道理,鼓励她们好好学习,发奋图强。

一眨眼,两年多过去了。睿智的陈叔通发现弘道女子学堂未开设外语课程,认为这样很难培养出中西兼通的经世致用之才,于个人日后的发展也不利。他知道上海有一家启明女子学堂,设有专门的英文课,由外籍教师讲课。启明女子学堂还开设了生理、动植物、音乐等课程。于是建议姐妹俩去上海读启明女子学堂。陈叔通的建议遭到了外祖母、舅舅舅妈、二姨妈的坚决反对。政局动荡,兵荒马乱的,两个女孩子,到陌生的上海去独

---

① 陈叔通(1876—1966),政治活动家,爱国民主人士,浙江杭州人。甲午战争后留学日本,曾参加戊戌维新运动。民国成立,陈叔通由浙江省推选为第一届国会议员。参加了由梁启超、蔡锷等发动的反袁斗争。新中国成立以后,陈叔通历任中央人民政府委员会委员,全国人民代表大会常务委员副委员长,中国人民政治协商会议全国委员会副主席等职。他对吴贻芳的一生产生过重大影响。

立生活,怎能让长辈放心?万一出什么意外,怎么向吴家交代?但是陈叔通坚持他的意见,认为姐妹俩很有天分,亲戚们不能因为怕孩子吃苦受罪就耽误孩子的前程。最终,贻芬和贻芳接受了二姨父的建议。1906年年底,贻芬和贻芳在二姨父的帮助下,来到上海,并顺利通过严格的考试,被启明女子学堂录取。上海的生活让姐妹俩大开眼界,她们看到西方人开办的学校、教堂、医院、商店、工厂,都和内地有着天壤之别,更感受到中国和西方在经济文化方面的巨大差异。

在启明女子学堂学习之际,姐妹俩听到老师无意中讲起苏州有一所景海女子学堂。这所学堂的教学更先进,它开设的所有课程,都与英国本土学校同步,课本也都是从英国引进的原版,主要由外籍教师用英文教学。姐妹俩顿时有了兴趣,她们又动了到景海学堂上学的念头。于是,1907年初,姐妹俩来到苏州,经过严格的考试,顺利考入苏州景海女子学堂。刚开始学习英语时,姐妹俩还感觉有些吃力,但是凭借着刻苦的钻研和不错的天分,很快就适应了,尤其是英文水平,更是飞速提高。景海女子学堂的课外活动丰富多彩,女孩子们在一起写诗赏诗,切磋女红,结伴踏青。热情好客的外籍教师经常邀请一些同学到自己的公寓去做客,聪明伶俐的姐妹俩总是在被邀之列,这也给她们增添了不少学习英语、开阔视野的机会。

从武昌到杭州,从杭州到上海,从上海到苏州,姐妹俩在知识的海洋里尽情地遨游,生活是那么的美好!然而,厄运正在向她们逼近……

三　　家庭悲剧

父亲自决　　吴守训到当阳任职一年以后,湖北牙厘总局财务科科长一职空缺,吴守训被调任湖北省牙厘总局财务科长。省牙厘局财务科长比起地方牙厘局长,更是一个炙手可热的肥缺。吴守训到任后依然清清白白做事,老老实实做人。年底,牙厘总局的局长换了新人。吴守训向新局长汇报工作时,说财务科存放着一大笔现金,尚未上缴国库。局长要求吴守训将那笔公款从财务科提出来,投放在一家私人钱庄生钱。老实巴交的吴守训虽觉不妥,但又不敢拒绝局长,只好违心答应了。不久就赚到了不少利息。但好景不长,钱庄因经营不善,濒临倒闭。局长要求再从科里拿出一笔钱投进去,使钱庄不倒闭。吴守训只好又从科里提出一笔公款,投进了钱庄。他也希望钱庄千万不要倒闭,公款一定要平安收回!白天,吴守训长吁短叹,坐立不安,满脑子想的都是公款的问题,揪心不已;晚上又常常被噩梦惊醒。但命运弄人,他最担心的事情还是发生了:钱庄的生意并没有起色,不久就真的倒闭了!

局长将吴守训派到沙市当牙厘局局长,并要求他多赚钱把亏空补上。吴守训到沙市就任前后,湖北境内盛传政府不久就要建造川汉、粤汉两条铁路。一时间,不少怀有投机梦的人,纷纷在汉口附近买地皮,期待着等铁路开始修建后卖掉大赚一笔。吴守训为了还上亏空,用沙市牙厘局的公款在汉口丹水口地段买了三十多亩地以待增值。哪知,铁路开修一事遥遥无期,土地增值也成为泡影。汉口与沙市两地亏空,吴守训犹如热锅上的蚂蚁,焦虑万分,只能发电报给局长,婉转地请示其他补救办法。狡猾的局长不予理睬。这使得吴守训万念俱灰,整日无精打采,度日如年。不久,局长调走了!吴守训明白,局长彻底脱了干系,厄运马上就要降临了。果然,新到任的局长马上发现了财务科那两笔亏空,经查,是吴守训在任时挪用的。新局长立即叱令吴守训还上,否则严惩不贷,并警告吴守训,按照大清律,他的罪过就是杀头都不为过,令吴守训马上回武昌说明具体情况。回到武昌家中,吴守训只好一五一十地将挪用公款的事原原本本地告诉了家人。一家人又急又气,要他出去避一避,也许还会有转机。吴守训登上了去湖南的船。11月的深夜,已是阴冷无比。站在甲板上的吴守训,魂不附体,精神恍惚。所有的惊恐、抑郁、愤怒、悔恨,在这一瞬间一下子全部爆发了——他那颗脆弱的心再也承受不住,纵身一跃,跳入滚滚江水之中,瞬间没了踪影……

全家得到噩耗,哭成一团。白发人送黑发人,老母亲更是哭得多次昏死过去,口口声声要随儿子而去。朱诗阁忍受着巨大的悲痛,日日夜夜守护着老人。家中的顶梁柱突然倒了,儿子贻榘虽然已是个大小伙子,颇为知书达理,但毕竟还是个孩子,书生气十足,又没经过什么大世面,这个家要塌了!

贻芬和贻芳接到母亲"立即返家"的电报后,马上坐火车到了上海,又登上了去武昌的船。在船上,姐妹俩竟然遇到了二姨父陈叔通,真是又惊又喜。等三人赶回武昌家中,丧事已经办得差不多了,因为尸首找不到,家人只好做了个衣冠冢,象征性地让吴守训入土为安。贻芬和贻芳回到家见到的,只是父亲的牌位和家人那一张张泪水涟涟的脸。一时间,姐妹俩也哭得死去活来。

吴守训虽然死了,但省牙厘局和沙市牙厘局都声称要将此事追究到底,吴家必须把亏空全部补上,否则决不罢休。为了还清欠款,吴家变卖了家中的地产家当,但是离所欠银钱还差很多,朱诗阁一筹莫展了。这时,陈叔通利用自己民选议员的声望,四处疏通关系,尽力平息此事。省牙厘局收回了一些亏空,见吴家实在也拿不出更多钱了,再加上陈叔通的多方努力,牙厘局终于答应不再追究,此事就此了结。全家这才长舒了一口气。

等一切都办理妥当,在陈叔通的安排下,全家搬到杭州,借住在吴贻芳的外婆家。贻芬和贻芳不得不暂时辍学在家照顾长辈和小妹妹。丧父之痛,失学之痛,对于对父亲无比敬爱、对读书无比渴望的俩姐妹来说,实在是太残酷了。贻芳一下子成熟了许多,本来话就不多的她变得更加少言寡语。

哥哥投江 辛亥革命爆发,中华民国临时政府在南京成立。在上海工作的陈叔通以及贻芳的舅舅给朱诗阁来信,希望吴家和贻芳的二姨妈、舅妈移居上海。到上海后,吴家居住在上海的一处很拥挤的宅子里,贻芳的哥哥也从北京来到上海。

吴贻榘从小聪明过人,书读得很好,考上了清华学堂。清华学堂是用一部分"庚子赔款"经费设立、以留学美国为目的的著名学堂。正当他畅想着留美生活时,辛亥革命爆发了。穷途末路的清政府为了做最后的垂死挣扎,竟然动用那一年的"庚子赔款",作为镇压革命的军费。这样,学校没了经济来源,只好无限期停课,学生放假,教师自谋出路。吴贻棨来到上海后,开始试着找份暂时的工作,补贴家用,但是一时也没能找到。他从小就心高气傲,从清华学堂的高材生流落到为了生计四处谋差事的境地,内心苦闷,精神抑郁,经常一个人对着墙壁发呆,或者拿着在清华学堂时的留影呆呆地看着……

那天吴贻棨不小心弄丢了父亲的故交帮忙筹到的钱,脾气刚烈的贻芬很是生气,就大声嚷了他几句。吴贻棨一句话也没说,默默地回了屋。第二天,心情郁闷的吴贻棨来到黄浦江边,想起了跳江的父亲,千般苦楚涌上心头,摆脱尘世痛苦的念头强烈地控制了他,他摸出随身带的笔和纸,写下了"我走了"三个字,随即投入了滚滚的黄浦江中……

母亲、姐姐离世　噩耗传来,母亲朱诗阁当时就哭得昏死过去,贻芬、贻芳也哭得死去活来,老祖母更是痛不欲生。一家人在二姨父陈叔通和贻芳舅舅的帮助下,处理完

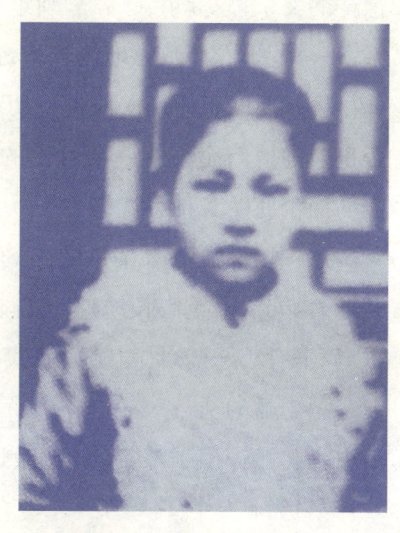

◎ 十四岁时的吴贻芳

了吴贻榘的后事。中年丧夫又丧子,朱诗阁再也难以承受如此致命的打击,终于病倒了,这一倒,就再没能起来。没几天,母亲又离去了,一家人再次陷入更大的悲痛之中。

贻芬觉得弟弟的死和自己有直接的关系,现在母亲也因弟弟的死而撒手人寰,虽然无人责备自己,但是贻芬陷入了更深的自责之中,无法自拔。她变得目光呆滞,反应迟钝,有时甚至会语无伦次。贻芳以为姐姐伤心过度,一时没能缓过神来,再加上她忙着处理母亲的后事,也就没太在意姐姐的情绪变化。这天晚上,一切入殓之事都已准备妥当,只等第二天一早出殡了。半夜里,贻芬趁妹妹熟睡,悄悄起身,面朝母亲的棺椁悬梁自尽了……

短短一个月的时间,一家七口只剩下了三口。严厉而不乏慈祥的父亲;总是在厨房辛勤地劳作,脸上溢满幸福微笑的母亲;正襟危坐专心致志地读着圣贤书的哥哥;带着她和贻荃在郊外尽情玩耍的姐姐……而这一切都已变成永远的记忆。自己是否也应随他们而去?一个可怕的念头闪现在贻芳的脑海中,巨大的痛苦使贻芳神思恍惚……

这一切都被情深义重的二姨父陈叔通看在眼里,他耐心地开导着贻芳,语重心长地说:"自杀是不负责任的表现,你上有老祖母、下有小妹妹,你对她们有责任啊!"二姨父的话,使贻芳又鼓起了生活的勇气……是啊! 无论如何,活着的人应该更好地活下去! 贻芳擦了擦泪水,感激地望着二姨父。这位慈祥的长辈,一直无私地照料着吴家,一直真诚地关心着吴家的每一个人,吴家每次大的变故后,都有他默默操劳的身影。现在,他不仅是贻芳的亲人,更是贻芳的精神支柱。在陈叔通的帮助下,贻芳度过了精神上最痛苦、最难熬的时期。

妹妹失踪 青少年时期的吴贻芳,在短时间内连着遭受父兄投江自杀、母亲病逝、姐姐悬梁自尽的悲剧,她带着锥心刺骨的悲痛,抱着坚忍不拔、不屈不挠的意志与她唯一的亲妹妹相依为命,共同创造一个理想的人生。不料天不从人愿,1933年就在她接任校长之职不久,妹妹忽然失踪了,使吴贻芳再一次深深地陷入痛苦之中。

朱诗阁临终前曾希望小女儿贻荃长大后嫁给陈叔通的二儿子陈鸣一。二姨妈答应了姐姐的临终托付。贻荃当时虽然还很小,但是后来也知道了此事。她一直记着母亲的遗嘱,认定陈鸣一就是她将来要嫁的人。陈鸣一长得英俊

◎ 童年时的吴贻芳

潇洒,风流倜傥,又很有才华,贻荃就更为心仪了。但吴贻芳很清楚,陈鸣一并没把二姨妈与朱诗阁的约定当真,他只是觉得那是他母亲为了安慰不久于世的朱诗阁而随口答应而已。平时他又大大咧咧的,体会不到贻荃的心,他完全把贻荃当表妹看待。而吴贻芳知道妹妹是个死心眼,她的心里一直装着陈鸣一。

在美国留学时,贻荃发现同在美国留学的陈鸣一已经有了

心上人，精神深受打击。她脾气开始变得古怪起来，经常一个人发呆，或者因为一点小事发脾气。贻芳能做的，也只是好好地开导妹妹而已。1928年，吴贻芳获得博士学位后返回金女大任校长，贻荃继续在密执安大学读书。但不久，贻荃就抛下学业回国了，说自己不愿意再读书了。后来，一位朋友在菲律宾一所华侨学校为贻荃找到了一份教师工作。贻荃在菲律宾工作了不久，就返回国内，在上海做了家庭教师。1933年，在金女大放暑假前的一个傍晚，贻荃突然来到学校，说来看看姐姐。第二天清晨，就坐火车回了上海。贻荃回到上海后，到二姨父家中去了一趟。她告诉陈叔通说，自己当家庭教师的那一家马上要到普陀山度假，自己也要随同前往。谁能想到这是他们最后一次见到吴贻荃！过了暑假，陈家人也不见贻荃的音信，找到贻荃当家庭教师的那家，那家主人说，自己家根本没有到普陀山度假，更没有带贻荃同去，而且，暑假前贻荃就没再来过。这时，大家才意识到，贻荃失踪了！

当时吴贻芳正在美国访问，为了不影响她的出访事务，陈家人一面在信中瞒着吴贻芳，一面通过各种渠道，查找贻荃的下落，她直至1934年初回国才知道妹妹失踪的消息。吴贻芳马上向学校请了长假，先去菲律宾，后到马来亚和新加坡，又请求苏联驻华使馆帮忙，在全国各地委托官方和民间组织在教堂、寺院、道观等地方寻找妹妹，结果一无所获。那些日子里，吴贻芳整日吃不香，睡不好，每天清晨都会从噩梦中惊醒，日渐消瘦。冷酷的现实摆在面前，妹妹真的再也找不到了！吴贻芳感到自己在人世间更加孤独，她的心在流血。

亲人们一个个离去，打击和痛苦接踵而来。历经磨难，吴贻芳的个性逐渐被磨炼得沉静、坚韧。漫漫人生路上，不管遭遇多少艰难险阻，不管在怎样复杂的环境中，吴贻芳总是以沉静的气质、从容的举止示人。

　　晚年时的吴贻芳曾经对保姆晋桂芳讲过，自己童年时期的那个家，其实很幸福。家庭巨变的转折点就是父亲的自尽，以后的一系列悲剧基本因此而起。其实父亲的案子不是特别严重，当时二姨父已经开始帮忙疏通，如果父亲再坚强一些的话，并非无法翻身。只是父亲受传统思想的影响太大，又过于自尊，因此发生了悲剧。这件事情使得吴贻芳明白，人生中的挫折在所难免，但是无论受了多大的委屈，面临多大的困难，都不应该自寻短见。因为那样不仅于事无补，而且还会给更多的人带来更大的灾难，其实就是一种不负责任的表现。吴贻芳还告诉晋桂芳，在"文革"的那些屈辱的日子里，自己也曾愤恨地想过，真不如死了算了。但是一想到如果自己自寻短见，其实就是重走父亲的老路，她就彻底打消了轻生的念头。

　　吴贻芳承受家庭悲剧的勇气也成为金女大学生战胜苦难的精神激励。钟玉征①，1949年考入金女大化学系。1950年4月突然收到父亲的来信，信上说，年仅42岁的母亲在香港病故了。她和同在金女大读书的姐姐不禁失声痛哭，悲痛万分！吴校长得知此事以后，专门来看姐妹俩说："人生总会有各种遭遇，你们

---

① 钟玉征(1930—　)将军，化学裁军核查国际实验室我国联试专家组成员。

还年轻,要有勇气,要坚强!"对于吴校长的不幸经历,钟玉征那时多少知道一些,在母亲去世之前,钟玉征只是同情和佩服吴校长。如今,遭受了与校长相似痛苦的她知道了要学会在不幸的时候从自己内心找到战胜困难的勇气。

据《金陵通讯(1987年)》"寄往大洋彼岸的信"一文中披露:年逾九旬的吴贻芳在病榻上收到了一封美国的来信,这是她的一个多年前的学生写来的。这位女学生在信中叙述了自己家庭遭到不幸的经过,流露出对生活绝望的情绪。老人读完了信,急切地对在她身边工作的同志说:"快点,请你执笔,写封信劝劝她。"身边的那位同志不知从何写起,犹豫之际,吴老缓缓地说:"把我青少年时代的经历讲给她听听,也许会对她有些启发的。"老人在回忆这段经历时,情绪有些不能自已,因为这段历史她一直深深地埋藏在心底,只是在十年动乱中,她曾对那位和她相依为命几十年的老保姆讲过,她要老保姆在逆境中不要灰心。而今天,为了启迪自己的学生,让其振作,她才怀着悲痛的心情来回忆。她对旁边代笔的同志说:"短短的一个月中,哥哥、妈妈、姐姐相继谢世,人生的不幸几乎全集中到我身上,我真是哀不欲生,也萌生了轻生的念头。幸亏二姨父陈叔通先生把我叫到身边,他谆谆地开导我,语重心长地说:'自杀是不负责任的表现,你上有老祖母、下有小妹妹,你对她们有责任啊!'叔老的话,使我又鼓起了生活的勇气⋯⋯"代笔的同志与吴老朝夕相处多年,这还是第一次听到老人这般惨痛的经历,于是眼里也噙满了泪水。这样,一封带着老人一片真挚感情的信越过重洋,飞到了那位学生手上。

1983年,在金陵女大美国联谊会的学生回国看望老校长时,人们看到了这位学生,她走到老校长跟前,深深地鞠了一躬,眼角含着感激的泪花……不言而喻,这位学生坚强起来了。

◎ 1963年夏天,吴贻芳(左一)和陈叔通(右一)及其家人在北戴河疗养。

◎ 吴贻芳与表弟陈嘉夫妇

贰

求学生涯 展现领袖气质

吴贻芳11岁入杭州弘道女子学堂学习，23岁入读金陵女子大学，26岁成为中国第一批获得学士学位的女大学毕业生，29岁攻读美国密执安大学生物学专业之一，35岁获得生物学博士学位。在教育事业很不发达的旧中国，有机会进入大学的人微乎其微，特别是女子，更是罕见。回顾自己锲而不舍的求学动力，吴贻芳说："旧中国的妇女实在是可怜，政权、神权、族权和夫权一起压迫她们，使她们不能自由自在地生活。她们不仅生活贫困，而且文化落后，这使我内心很苦闷。记得当时流行这样一句话，叫做'拯斯民于水火'，可是，我一个女人又能做什么呢？想来想去，只有面壁读书，有朝一日报效国家。"

一　　贻芳复学

处理完母亲和贻芬的后事,善良的二姨父夫妻俩决定把这祖孙三人都接到自己家里去住。本不富裕的陈家又多了三口人。贻芳不忍心看着二姨父夫妇这么操劳,总是利用一切机会帮他们做些力所能及的家务,并提出要到外面工作。可是陈叔通总是要她有空就好好看书,不要管家务,更不要想着去工作。二姨父总是说,贻芳是个很有潜力的孩子,因为家庭变故而中断学业实在可惜,她应该过了守孝期后继续回学校读书才对。

1913 年 2 月,吴贻芳的守孝期刚过,陈叔通就马上资助她回到杭州弘道女子学堂,作为特别生插入四年级学习。又一次回到魂牵梦绕的学堂,贻芳更加珍惜这来之不易的读书机会。为了将落下的功课赶快补回来,也为了能暂时忘却失去至亲的痛苦,吴贻芳更加刻苦地学习,她拼命地抓紧每一分一秒学习的时间,不让自己有丝毫的空闲,她认为这样才能对得起死去的亲人,对得起二姨父夫妇对自己的关怀,对得起自己的青春年华。

1914 年,陈叔通得到一个去北京工作的机会。吴贻芳也离开了弘道女子学堂,和祖母、妹妹一起,随着陈家一起搬到了北京。一次次的打击,使贻芳比同龄人要成熟得多。此时的她坚持要到外面工作,不愿意再让二姨父夫妇养活着。陈叔通感到贻芳的心智已经成熟了,英文水平也不低了,于是就同意她出去工作。通过朋友帮忙,吴贻芳高兴地接受了到北京女子师范学校和该校的附属小学去任英文教员的工作。她全身心地投入到了教学生活中。工作之余,照顾年迈的祖母,问候忙碌的二姨父夫妇,关注小妹贻荃的功课。在所有认识她的人眼中,贻芳是个无可挑剔的好姑娘。

1915年底,陈叔通应邀到上海商务印书馆工作。贻芳祖孙三人也随着陈家,搬回上海居住。不久,贻芳收到了杭州弘道女子学堂读书时的美籍教师诺玛丽女士的来信。吴贻芳刻苦钻研的精神和良好的品质曾给她留下了深刻的印象。她认为贻芳是个可塑之才,将来一定能成为女性中的佼佼者。1915年下半年,诺玛丽女士应聘到美国教会开办的金陵女子大学任教,她又想起了吴贻芳,认为品学兼优的吴贻芳完全有资格到金陵女子大学来深造,于是,经过多方打听,得知了吴贻芳在上海的地址,就写信给她,希望她能到南京,成为金陵女子大学的学生。

贻芳收到来信后激动异常,上大学深造是她梦寐以求深藏于心的愿望。可是二姨父一家已经为吴家付出那么多了,况且他们也不富裕,懂事的贻芳决定隐瞒这件事,打消上大学的念头。二姨父发现她的情绪不太正常,再三追问之下,贻芳只好说出实情。二姨父当即表态支持贻芳深造,帮助照料祖母和贻荃。贻芳感动得热泪盈眶,她心中暗暗发誓,一定要更加努力地学习,决不辜负二姨父夫妇的厚望!

二　金女大学生自治会的第一任会长

入读金女大　金陵女子大学，是顺应时代潮流而生的。1911年至1912年间，美国浸礼会、监理会、美以美会、长老会、基督会等教会所办的女子中学的校长，在上海举行特别会议，商讨在长江流域创办一所女子大学，以解决教会女子中学的毕业生毕业后鲜有升学之处的问题。最后，会议决定，将女子大学设在古都南京，因为南京古称"金陵"，因此，该女子大学就被命名为"金陵女子大学"。1913年11月13日，具有资深教育工作背景的传教士德本康夫人被推举为第一任校长①，由她负责筹备建校

◎ 金陵女子大学第一任校长德本康夫人

◎ 金女大第一块校牌

---

① 华群：《德校长传》，《金陵女子大学校刊》，1928年6月，第2页。

事宜以及日后的全面教务工作。1915年9月17日,经过两年的筹备后,金陵女子大学在南京绣花巷马府街的李鸿章花园故址正式开学了。

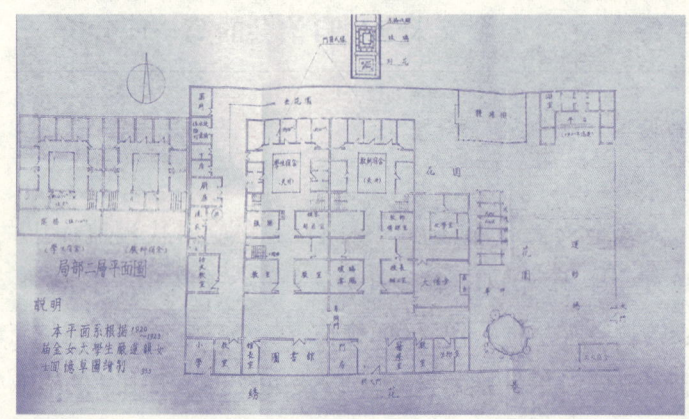

◎ 金陵女子大学在南京绣花巷的校舍平面图,1915年。

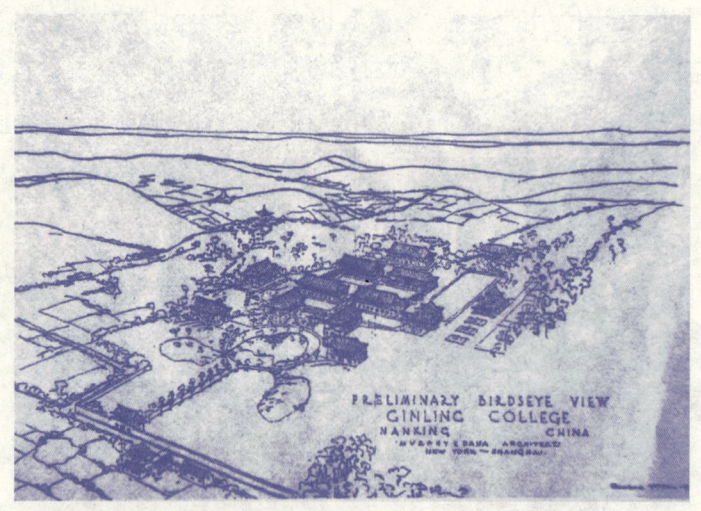

◎ 金女大陶谷校区建筑草图——墨菲手迹,1923年迁入(今南京师范大学随园校区)。

1916年2月,经美籍教师诺玛丽女士的推荐,吴贻芳只身一人,来到古都南京。经过严格的考试,她被允许作为特别生,插入一年级上课。该校1915年招收的第一批学生一共有11人,吴贻芳作为特别生,是该校的第12名学生。此时该校只有教职

◎ 1919年,金女大的全体同学留影。前排右起第二人为吴贻芳。

员工9人,教学设备也很简陋。但是,睿智的吴贻芳明白,金陵女子大学是中国当时为数不多的女子大学之一,是中国女性能接受高等教育的仅有的几所大学之一,这里有着中国女性的美好未来。1984年,晚年的吴贻芳在会见校友时感慨万分地说:"在这里见到了这么多的姐妹。看到今天的情景,我想起了我做学生的时候。当时我们只有九个学生。那时有一位美国校长来讲演,他说:'现在坐在这座高大的房子里的只有你们九个学生,但是我看到的不是九个,我看见还有成排成排的学生在你们后头!在社会上。'这句话我一直放在心上。"

因比其他同学少上了半年学,刚开始贻芳的确感到学习很吃力。但是凭借着顽强的毅力和良好的基础以及不错的悟性,

她很快就适应了金女大的学习生活。1916年暑假,在补考当中,吴贻芳各科都取得了优异成绩,经过学校批准,她由特别生转为正式生,成为金陵女子大学首届学生中的一员。

◎ 二十年代吴贻芳在金女大校园

受洗基督教　贻芳学习努力,为人平和,心地善良,老师和同学们都很喜欢她。但是,大家也发现她平时表情抑郁,不苟言笑,也不怎么和其他人交流,同班的徐亦蓁①就主动接近她,和她交流思想。

徐亦蓁祖籍江苏昆山,是一名虔诚的基督教徒。她天资聪颖,性格豪爽,做事干净利落,颇有些男孩子气,但是对人又很温柔体贴,是个胆大心细的女孩子,在学校里颇有人缘。亦蓁对吴贻芳很是热情,两个人很快就成了无话不说的好朋友。当徐亦蓁知道吴贻芳的身世之后,十分震惊。眼前这个柔弱的女孩子的心底,藏着多大的痛苦啊!与此同时,她对吴贻芳的佩服之情也油然而生,多么坚强的女孩子啊,在那样的家境下还能坚持读书,这需要何等的毅力!徐亦蓁暗下决心,自己要向吴贻芳学习,同时要尽全力帮她走出阴影。怎么才能让贻芳在精神上有寄托,更快乐地生活呢?徐亦蓁决定请上帝帮助她。她经常给吴贻芳讲圣经的故事,讲上帝对世人的爱。人间的疾苦都是都

---

① 徐亦蓁,1894年出生于苏州。金女大首届毕业生,先后在东南大学和北京女子高等师范学校任教。1922年留学美国哥伦比亚大学师范学院。1927年在收回教育权的运动中,任金女大校董事会董事长,1950年定居美国。

是上帝的旨意,只有相信上帝,才能得到上帝的宽恕,获得真正的解脱。渐渐地,吴贻芳对基督教有了兴趣,这时,徐亦蓁又送给她一本《圣经》,贻芳如获至宝,反复阅读,真的对上帝越来越有感情了。后来,徐亦蓁到教堂做礼拜,也带上吴贻芳。凝视着神圣的教堂,听着牧师布道声,吴贻芳感到自己的灵魂真的得到净化,精神也有了寄托……

慢慢地,吴贻芳感到自己和上帝的距离越来越近了,"我要成为教徒,永远信奉上帝!"终于有一天,她鼓起勇气对好友徐亦蓁说。于是,在这年的夏天,吴贻芳和徐亦蓁来到上海四川北路的曼摩氏女中的浸礼会,接受了洗礼,成为了一名真正的基督教徒。这是吴贻芳一生中的重大转折点,从此,她有了真正的精神支柱,灵魂有了归宿,她开始处处以基督教徒的标准严格要求自己,使自己做一个真正爱世人的人。1943年,吴贻芳在一次演讲中谈到自己信奉基督教的一个重要原因,就是"受基督徒的活动感染,看到基督徒自发地、有意识地把基督教训实践在生活中。相比之下,中国的儒家学说传遍中国,但人们没有把当中的理论付诸实行"。由此,吴贻芳自己也以服务人民为人生价值的取向,以自己的智慧和奉献精神积极服务社会。

◎ 吴贻芳和徐亦蓁

新中国成立后,曾任中共中央宣传部副部长的石西民回忆说:"有一次我曾问她:为什么信仰宗教?你真的以为上帝存在?她回答十分坦率自然,大意是说:她一到礼拜堂里,参加一些活动,觉得感情有所寄托,道德精神也高尚起来,渐渐地也就成了习惯,这与迷信无关。她这简洁而心口如一的回答启发我在对待宗教问题(我正在主管这方面工作)上多思考一些复杂的情况。"①

学生自治会第一任会长　因为都是女生,学校的管理较之其他非女子大学自然更为严格。学校雇佣监舍管理学生的日常生活,而这些监舍对学生的生活干涉过多,常常和学生发生冲突,学生和监舍之间的关系比较紧张。吴贻芳感觉到了这些问题,她经常和亦蓁讨论这些问题。她们认为,学校应该给学生更多的自由空间,给学生自己管理自己的权利。看到附近的金陵大学、东南大学都有学生自治会,她们也萌发了向学校申请建立学生自治会的想法。与其他同学一交流,很多同学也都有类似的想法。于是同学们经过商议,最后决定向学校申请成立学生自治会。

校长德本康夫人是一位思想开明的教育工作者,这天下课后,全体教职员工和学生在学校礼堂里集合,讨论关于建立学生自治会的问题。吴贻芳在会上说明了成立学生自治会,自己管理自己的理由。并建议大家把自己认为学生会该做的事情写在小纸条上,最后汇总后交给校长。吴贻芳的话得到了同学们的响应。最后,德本康夫人和其他教职员工一致同意学生们的申请,建立学生自治会。

有了学生自治会,谁来当会长呢?这个问题刚刚被提出,就

---

① 《吴贻芳纪念集》,江苏教育出版社,1987年版,第142页。

有学生高喊:"吴贻芳!"开始,只是一两位同学那么喊,后来,大家齐声高喊:"吴贻芳!吴贻芳!吴贻芳!"很明显,勤奋好学、为人善良、端庄大方的吴贻芳是最佳人选。就这样,刚来到金女大几个月的吴贻芳因其无可抗拒的人格魅力,被选为学生自治会的会长。德本康夫人和同学们纷纷和她拥抱,表示祝贺。诺玛丽女士也高兴地说道:"吴,你天生就是个当领袖的料!"

当上会长之后,吴贻芳明白自己一定要处处以身作则,严格要求自己。因为做学生领袖的缘故,她有了更多与学校教职员工和同学们接触的机会,她的性格慢慢开朗起来,脸上的阴霾渐渐不见了。吴贻芳特别注意与同学们谈心,关心她们的内心世界;她还经常组织课余活动,加强学生之间的相互关心和了解。在吴贻芳的努力下,大家之间少了生分,多了亲近,这个12人的小集体越来越像一个真正的家庭,吴贻芳的内心充满了幸福感。

1915年年底,盗取了辛亥革命果实的袁世凯,居然逆流而上登基称帝,马上激起了全国人民的愤慨。埋头读书的金女大的学生们也是义愤填膺,并关注着时局的变化。1916年6月6日,已被迫"退位"的袁世凯在全国人民的声讨声中耻辱地死去。消息传来,金女大也沸腾了!校学生自治会立即举行集会庆祝。身为会长的吴贻芳在会上慷慨陈词,历数袁世凯的罪状,宣传共和精神,她讲得生动异常,很多同学都流下了激动的泪水。德本康夫人很是欣慰:自己没有看错人,吴贻芳的组织能力、演讲能力、个人魅力都很让她放心。这次集会更让她刮目相看的是,作为理科生的吴贻芳,对中国的历史和时局也颇有见解,真是不可多得的人才。德本康夫人常对人说:"如果吴不当这个会长的话,还会有谁比她更能胜任呢?"

◎ 蔡路德博士(Dr. Chester, Ruth M.),美国人,1917—1951年担任金女大化学系主任和教务长。

学业崭露头角 20世纪初的中国,政权更替频繁,战乱不断,但是金女大倒是没有受到太大的影响,学生们可以在这里安心地学习。随着时间的推移,学校也不断发展起来。越来越多在学术上颇有造诣的教师来校任教。吴贻芳很快就喜欢上了蔡路德博士的化学课和黎富思博士的生物课,并且将它们作为选修课学习。因为自己的基础不错,再加上学习刻苦,吴贻芳很快就在这两门课中成为佼佼者。也许此时的吴贻芳没有料到,这两门课程也给她今后学业的发展带来了巨大的影响。

这一年,也是金女大第一批学生毕业的年份。经过近四年的艰苦学习,第一批12个学生只剩下了5个人。她们是吴贻芳、徐亦蓁、汤蕙菁、刘剑秋、任倬。德本康夫人对这第一届5个女孩子抱有厚望。因为她们只有通过一年一度的学业考试和最后的毕业考试才能毕业。她马上要去美国为金女大募捐经费。如果5个人不能全部毕业的话,那么金女大的教学水平就会受到质疑,经费的募捐就会很困难。因此,德本康夫人格外关心这5个学生的学习情况,暗地里也为她们捏着一把汗。吴贻芳身为学生自治会会长,鼓励大家努力学习,并争取以优异的成绩毕业,为自己的大学生活画上一个完美的句号。

"五四"爱国游行　　就在此时,五四运动爆发了!5月初的一天早上,北平"五四"游行的消息传到金女大校园,平静的校园一下子沸腾了。教职工和学生们议论纷纷,有的愤恨北洋政府的外交无能,有的责骂巴黎和会的不公正,有的钦佩学生的爱国热情,有的谴责北洋政府的野蛮镇压……不少南京的大学和中学都在计划参加游行,声援北平学生,金女大也不例外。这些天,总有同学向吴贻芳建议:罢课参加南京的游行活动。吴贻芳心中很是矛盾:她是学生自治会会长,这样的爱国活动她理应组织;但是,又怕会影响毕业复习,如果毕业成绩不好,会直接影响学校未来的发展。吴贻芳内心很纠结,她找到其他4位同学商议此事,大家认为主权受辱,政府无能,学生受欺,我们岂能坐视?天下兴亡,人人有责。一定要参加游行活动,哪怕是不能毕业也要参加!最后,全体学生投票决定,夏天完成所学课程,并要求秋季举行毕业考试,为了爱国运动,推迟毕业。

　　学生自治会要参加游行活动的决定很快传到了德本康夫人那里,她自然很忧虑,于是就将吴贻芳找来谈话。吴贻芳的态度很坚决,一定要参加游行,并将学生的集体决定告诉德本康夫人。德本康夫人虽然不主张学生耽误学业,但是从尊重民主的角度出发,最终还是采取了默认的态度。后来,学校宣布,原定举行考试的那天关闭学校,毕业考试和典礼推迟举行。

　　罢课后,吴贻芳忙得不可开交,她既要组织游行,又要安排编写壁报、写通俗讲稿、上街宣传演讲,对附近的妇女儿童进行爱国主义教育。到了集会游行的那天,即6月2日,全校学生整齐地在校门口列队。大家打着校旗,手持十字架,高呼口号,走向小营"演武堂"会场。一进入会场,印有"金陵女子大学"字样的校旗就引起众人瞩目。吴贻芳和同学们热血沸腾:天下兴亡,人人有责!

金女大罢课一周后,事情出现了转机。北洋政府迫于国内压力,宣布撤销负有外交责任的曹汝霖等人的职务,并拒绝在不平等合约上签字。于是,学生自治会决定复课。本来已决定推迟至秋季的学年考试,经过学校的批准,改为在原来考试时间的两天后进行,毕业生的毕业考试照常进行。这样,吴贻芳等5位同学加紧投入到备考当中。不少教师被她们的爱国情怀所感动,主动为她们补课。结果,5名毕业生全部顺利通过了学年考试和毕业考试,正式成为金女大第一届毕业生!托管金女大事务的美国纽约州大学委员会认为,金女大的毕业生成绩优良,程度与名牌大学相符,因此,核准立案,授予学位。这样,吴贻芳等

吴贻芳　　　　徐亦蓁

刘剑秋　　　任倬　　　汤惠菁

5位女性成为中国第一批在本土获得学士学位的女大学毕业生，等待她们的，是更加灿烂辉煌的明天！

◎ 金女大1919年第一届毕业生

◎ 1930年代初黎富思博士(中)与学生合影

就在这一年,金女大通过了设在美国纽约的金陵女子大学托事部和美国纽约州大学对金女大学士学位的认可。从此,凡是在金女大获得学士学位的学生都有资格不经过考试直接进入美国大学的研究生院学习。得知这一消息后,吴贻芳的心中又泛起波澜:学无止境啊!她就像一条在知识的海洋遨游的鱼儿一样,向往大海的更深处。能到美国念书该多好啊!可是,考虑到家庭状况,她马上就打消了出国留学的念头。

◎ 1935年,金陵女子大学20周年校庆,四名1919届毕业生团聚,右二是吴贻芳。

三 女高师的吴先生

最终,吴贻芳决定去工作。恰在此时,北京女子高等师范学校聘请她去担任英文教师和英文部主任,吴贻芳高兴地接受了这份工作。在北京女子高等师范学校,她与体育系主任陈泳声、当英文教师的好友徐亦蓁,三个人同住在石驸马大街女教职员的四合院宿舍。三个年轻女性都身负报国梦想,时常交流思想,贻芳和亦蓁都和陈泳声有相见恨晚之感。由于吴贻芳的理科功底特别好,除了英文,她同时也教代数和其他科目。她的课经常被当做学校的示范课,虽然她为人和善脾气很好,但对学生要求很严格,对待所有学生都一视同仁,和同事们相处也很好。无论是做人还是做事,她都无愧师表。在老师和学生中,吴贻芳的口碑相当好。女高师的毕业生,后来成为著名教育家的陶淑范女士回忆说:"在女高师的教师中,吴贻芳先生是学生们最喜欢、最爱戴的。吴先生不但英文教得好,别的科目也很受学生们欢迎。吴先生穿着打扮清新雅致,言行举止温文尔雅,尤其是态度特别和蔼,从不对学生发脾气,给学生们留下了深刻印象,无形中成了同学们模仿和学习的榜样。"

因为英语口语出色,吴贻芳多次在外事活动中负责口译工作。这天,美国蒙特霍利克女子大学校长布莱克夫人来到北京,并应邀参观女子高等师范学校,参观过后她还要作关于女子高等教育发展的演讲。按照惯例,这次活动仍由吴贻芳作口语翻译。布莱克夫人在校领导的陪同下,参观了学校的校舍、并到课堂旁听,吴贻芳一直陪同翻译。听着吴贻芳的翻译,布莱克夫人不住地点头微笑。参观过后就是夫人在礼堂的演讲,吴贻芳的翻译字正腔圆,到位得体,为布莱克夫人的演讲增色不少。到演讲结束时,吴贻芳已经陪同翻译了四个多小时,她口干舌燥,嗓子也有些沙哑了,但仍然面带微笑,不失文静典雅的东方气质。活动结束后,布莱克夫人饶有兴趣地询问吴贻芳在国外学习和生活的情况。当她了解到贻芳从未在国外学习和生活时不禁大为吃惊,随即征求贻芳是否愿意出国留学。正是由于这次平常的外事活动,吴贻芳的命运被改写了。

此事的第二年,也就是1922年5月的一天,吴贻芳在学校收到一封美国密执安大学的来信。信的内容大概是:经过蒙特霍利克女子大学校长布莱克女士的大力推荐,密执安大学与金陵女子大学取得了联系,通过考核吴贻芳在校时期的学习情况和各科成绩,并参考了校长德本康夫人和黎富思博士的意见,最终决定给予吴贻芳"巴勃尔奖学金",接受吴贻芳进入美国密执安大学研究院学习生物学。幸福像神话一般降临了!

听说吴贻芳要去美国读书,陈叔通夫妇大力支持。二姨父的态度还像多年前鼓励她到金女大上学那样,希望她能放下一切顾虑,好好读书,家里的一切事务都不必操心。吴贻芳再度被二姨父夫妇的恩情感动得热泪盈眶,泣不成声……

四　密执安大学的中国学生会会长

1922年8月,吴贻芳告别了亲人,踏上了前往美国的轮船。甲板上,海风轻轻地吹拂着她的秀发,望着空中一望无际的白云,吴贻芳心潮起伏!她是家中第一个出国留洋的人,而且是一个女孩子,这在民国以前是想都不敢想的事情。父亲母亲,哥哥姐姐,你们的愿望,贻芳今天把它变成了现实!

密执安大学是美国中西部的一所历史悠久、学风严谨的著名大学。吴贻芳很适应这里的气氛。每天的任务不完成,她绝不会提前休息。导师玛丽教授很欣赏吴贻芳。她常对人说,从未见过像吴这样既优秀又刻苦的学生。吴贻芳不仅学习成绩优秀,而且极有风度,很显个人魅力。这

◎ 1924年,吴贻芳(前二排右起第三人)在美国密执安大学和来自各国的同学合影。

些都给玛丽教授留下了深刻的印象。在生活上,这位善良的老太太很关照吴贻芳的生活,并时常提醒吴贻芳注意身体健康。

吴贻芳不仅享受全额奖学金,而且每个月还有八十元的生活费,有时候,陈叔通夫妇也会寄些钱来。虽然吴贻芳的经济不成问题,可是她经常在学习之余勤工俭学。在密执安的中国学生很少,而日本学生较多,因此,长着一张典型的东方人脸的吴贻芳,常常会被误认为是日本人,每当这时,她都会耐心地告诉对方,她是中国人。吴贻芳为自己是一个中国人而自豪,她很清楚自己代表中国的形象,非常在意自己的言行。

1924年,吴贻芳因其令人无法抗拒的人格魅力,被推举为北美中国基督教学生会会长。同年,她在密执安大学杂志发表《黑蝇生活史》。1925年,吴贻芳又被推选为留美中国学生会会长,

并担任密执安大学中国学生会会长和科学会会员。与此同时,她还不断在各种科学杂志上发表文章,为中国人取得不少荣誉。

1926年,吴贻荃从金陵女子大学毕业。通过吴贻芳的联系,贻荃也来到密执安大学继续深造。同时来密执安读书的,还有二姨家的女儿、表妹陈慧。这样,身为姐姐的吴贻芳又多了照顾两个妹妹的责任。此时一直靠二姨父照料的老祖母已经去世了,妹妹贻荃成了吴贻芳唯一在世的至亲。为了妹妹和表妹,她更加努力地做兼职,挣更多的生活费,全力照顾她们。吴贻芳还从不允许她们外出兼职,只希望她们能安心读书。刚开始,姐妹三人租了一间民房一同住。因为住处离学校有一段距离,为了节省时间,吴贻芳还专门用节省下来的钱买了一辆二手福特汽车,并学会驾驶,领到驾驶执照。这样,她就可以天天开车接送两位妹妹。有了汽车后,吴贻芳需要到野外采集标本时,也方便了许多。后来,因为陈慧学的专业是英国文学,上课的地点和吴贻芳姐妹俩较远,她就另租了房子自己住,但是每到周末,她都会回来和姐妹俩团聚。吴贻芳在生活上对贻荃和陈慧照顾得无微不至,在学业上对她们的要求也非常严格,经常询问她们的课业情况,并给予她们力所能及的指导。

在美国留学期间,有两件终生难忘的事,深深地刺痛了吴贻芳的爱国心,在她晚年时也不断提起。一是声势浩大的反帝五卅运动。当日本资本家枪杀中国工人、英国捕头公然枪杀中国示威者、帝国主义军队武力登陆上海的消息相继传入美国后,密执安大学的中国学生们愤怒了!身为留美中国学生会会长的吴贻芳更是感到无比愤慨！她组织中国留学生募捐、集会、演讲、发表文章，支援国内的斗争，在美国社会引起很大反响。多家报纸纷纷刊登密执安大学中国留学生的抗议活动，吴贻芳也多次出现在美国人的视野中。由于中国留学生的多方宣传，不仅在美国的华侨和留学生纷纷响应他们的行动，就连很多美国人和其他国家的留学生也对中国表示同情，同时对吴贻芳的能力也大为佩服。吴贻芳在演讲中经常会提到：为什么帝国主义敢这样无视中国主权，敢这样欺压中国人民？无非是因为中国积贫积弱，政府软弱无能！难道中国人天生就是活该挨打受气的命吗？不！我们也曾有过辉煌的历史！我们的国家也曾无比强大！所有的中国人必须团结一心，奋发图强，方可使中国摆脱受尽凌辱的悲惨命运！吴贻芳的每次演讲，总能博得台下雷鸣般的掌声和海啸般的欢呼声，许多华人和中国留学生都被她的慷慨陈词感动得热泪盈眶。

　　另一件事发生在1926年，澳大利亚总理应邀来到密执安大学做演讲。因为他的身份特殊，来听他演讲的学生有数千人，学校最大的礼堂挤得满满当当，吴贻芳也在其中。这位总理大人口若悬河般地点评各国，最后又谈论起了中国："……至于中国嘛，它还不能算是一个独立的近代国家；它不仅经济落后，而且人民无知，政府无能，盗匪遍野。嗯，我很好奇，中国男人到底还有没有辫子了？女人还缠不缠小脚了？"听到这里，吴贻芳已经气得浑身发抖，但是极有修养的她还是克制住了，哪知这位总理大人越说越过分："因此，临近的亚洲国家，应该就近移民到中国，去改变这个国家，帮助它，开发它，以免上帝赐给我们的资财,都被那些不开化的野蛮人,白白地浪费掉……"听到这里,吴贻芳再也忍受不住了,她气愤地站了起来,大声抗议:"你这是对中国的严重污蔑!我严重抗议!"其他中国留学生也群情激奋,高呼口号抗议。吴贻芳傲然转身离场,紧接着,所有在场的中国人和同情中国的教师及学生,也纷纷退场。

回到住处的吴贻芳依然义愤填膺,她奋笔疾书,连夜写好一篇批驳澳总理的文章,交到《密执安大学日报》。第二天,文章就发表了,在全校引起轰动,全校师生都被吴贻芳的爱国热情所感动。后来,连密执安大学的校长也曾这么说过:他(澳大利亚总理)的演讲对中国人来说,是极大的伤害,而吴用她那东方人特有的精神力量,捍卫了中国人的尊严。

直到晚年,吴贻芳每每提起此事,总是感慨万千。

亲爱的祖国,国家的尊严,是沉淀在她灵魂深处的,无可撼动的感情。也是她一生中选择人生道路的最重要的价值尺度。

1927年,吴贻芳已经在美国留学5年了,她正在积极准备博士论文,预计于1928年毕业。

1928年初的一天,她意外地接到了金女大的信,信上说,金女大校董事会决定聘请她回母校担任校长,问她是否愿意。接到来信,吴贻芳很是吃惊。当校长?这太突然了,她连做梦都没有想到。她去美国留学的目的很明确,就是要学成之后回国当生物教师或者继续研究生物,用自己的专业知识报效国家。

接到信的吴贻芳思量再三,给金女大回了一封信,信上说,她很感谢金女大全体校董对她的信任与厚爱,如果母校急需她回国工作的话,她就算放弃论文答辩也愿意立刻回国。只是校长一职,她不敢轻易接受。

金女大董事会收到她的复信,十分高兴,大家进一步认定她是非常合适的校长人选。于是,他们立即发出聘书,并通过纽约的托事部转交吴贻芳,告诉她不必急于任职,可以一边完成论文,一边与纽约的托事部接洽,参观考察美国的女子大学,作为今后工作的参考,等完成了毕业论文,取得博士学位之后再回国。

于是,吴贻芳暂且放下正在撰写的博士论文,前往纽约与托事部接洽,并参观考察了一些美国著名的女子大学。大约两个月之后,她返回了密执安大学立即投入到了博士论文的撰写当中。很快,她的博士论文《黑蝇生活史》,刊登在了密执安大学的学术杂志上,很顺利地通过了论文答辩,获得生物学博士学位。这时,已是1928年的夏天。

在毕业典礼上,吴贻芳身着博士服,头戴博士帽,从校长手中接过金光闪闪的生物学博士学位证书。台下的玛丽教授深情地望着吴贻芳,她的眼睛湿润了,她在这个年轻有为的中国姑娘身上付出了太多的心血,而这个中国姑娘没有让她失望!

◎ 1928年,吴贻芳在美国密执安大学毕业,获生物学博士学位。

仪式结束后,玛丽教授与吴贻芳并肩走出礼堂。

"吴,"玛丽教授说:"我知道,有好多个美国的大学和研究机构都向你发出了邀请,希望你能留在美国工作。为什么不能再考虑一下呢?要知道,这里的工作环境和待遇比你回国要好很多哦!"

吴贻芳笑了:"是的,国内的环境的确不如这里,中国的政局一直不稳定,国内也有很多问题,这个国家远远比美国落后,可是,正是因为如此,我才更有必要回国,回我的母校工作,为中国的更美好的明天做出自己的贡献。玛丽教授,这也是我来美国上学的初衷啊!"

"吴,你真的太出色了,每一个中国人都应该为有你这样的国民而感到自豪,"玛丽教授动情地说:"我相信,中国一定会越来越强大的,因为她有你这样的好儿女!"

吴贻芳望着玛丽教授的眼睛,坚定地点了点头……

5月,吴贻芳带着博士学位启程回国。在轮船的甲板上,吴贻芳心潮澎湃,祖国,我终于要回来了!报效祖国的愿望,马上就可以实现了!

叁 执掌金女大 厚生育英才

吴贻芳在金陵女子大学掌校23年（1928—1951），以其独特的育人方式和高质量的育人成果享誉中外。将一个教会女子大学办成了民国时期最负盛名的一流女子大学。厚生树人，德才兼备，是吴贻芳教育思想的精华。她将造福社会和培养学子、博雅和专才、制度化管理和人性化教育恰到好处地融合起来，重视学生的人格教育和人文精神的培养，形成了"全人格"教育模式，在中国的高等教育中引领风尚，独树一帜。

一　　应聘金女大

　　金女大聘请吴贻芳当校长，有着深刻的历史背景。

　　受五四运动的影响，中国国内知识界的民族意识和爱国热情高涨。1922年初，世界基督教学生同盟决定在北京国立清华大学召开第11届大会。此消息一经传出，立即激起了中国知识阶层的愤怒，这件事成为收回教育权运动与教会大学立案高潮的导火索。3月20日，北京一些大专院校的学生、教职员工以及各界人士组织了"非宗教大同盟"，并于4月9日在北京大学集会，很多知名学者与会。各地纷纷响应，这次活动声势浩大，影响极深。从1924年开始，中国国内掀起反基督教运动浪潮，这股浪潮很快再次席卷全国。而这股反基督教运动的浪潮，进一步推动了收回教育权运动。

　　迫于国内的压力，1925年11月16日，教育部颁布了《外人捐资设立学校请求认可办法》，主要内容有：1.凡外人捐资设立各等学校须向教育行政机关请求认可；2.学校名称必须冠以私立字样；3.学校应由中国人担任校长，如校长为外国人者，则须以中国人出任副校长；4.学校董事会中中国人须超过半数；5.学校不得以传播宗教为宗旨；6.学校课程须遵照部定标准，不得将宗教课列为必修课。等等。

这样，金女大就必须面临向教育部注册、调整董事会以及更换校长的问题。

1927年3月，南京城里发生的一系列重大事件，加快了金女大的变革。

3月24日，北伐军攻进南京，金陵大学校舍多处被战火焚毁，副校长文怀恩遭到散兵的抢劫并被开枪打死。这件事震惊了在南京的外国人，很多外国人纷纷逃到停在下关的外国军舰上并要求立即回国。不少教会学校因为众多外籍教职员工的离职而不得不停课。

金女大也在这次事件中受到了很大影响。在外籍教师纷纷离校的前提下，德本康夫人作出了将办学主权移交给中国人的决定。很快，金女大董事会进行了改组，使中国人在校董事会占三分之二，并选举吴贻芳的好友徐亦蓁为董事会主席。徐亦蓁在1919年和吴贻芳同时毕业以后，先后在东南大学和北京女子高等师范学校任教。1922年，徐亦蓁留学美国哥伦比亚大学师范学院，并于1923年夏天获得硕士学位。此后，她一直在国内从事教育工作。

推选谁出任中国校长呢？经过徐亦蓁的提议和黎富思博士的推荐，校董事会最终决定聘请吴贻芳当校长。吴贻芳是金女大的第一届毕业生，而且是学生自治会会长。她马上就可以在美国拿到博士学位，而且在美国的留学生中也有极高的威望，校董事会认为，吴贻芳是校长的最佳人选。于是，校董事会就写信给吴贻芳，并由设在纽约的金女大托事部转交给她。

1928年6月，吴贻芳回到了南京，回到了令她魂牵梦绕的母校金女大。她又见到了德本康夫人、黎富思博士和好友徐亦蓁。不过,此时的母校,已不是她在绣花巷读书时的模样了。在陶谷的新校园占地达 160 亩,校内设有会议室、接待室、运动场、健身室、宽敞的教室以及舒适的宿舍,还有设备齐全的实验室等。校园里鸟语花香,郁郁葱葱,中国古典风格的建筑错落有致。吴贻芳在德本康夫人和其他教职员工的帮助下,开始一边了解学校的情况,一边主持工作。

11 月 2 日,金女大举行盛大的招待晚会,热烈欢迎新校长吴贻芳。第二天,也就是 1928 年 11 月 3 日,是中国教育史上的一个值得纪念的日子,吴贻芳的就职典礼在学校的 100 号楼隆重举行。此次典礼盛况空前,一时成为当时的头号新闻。除了新老校长、全体校董和教职员工、校友代表外,还有不少社会名流作为宾客出席。其中有蒋介石的夫人宋美龄、教育部长蒋梦麟的代表孟寿椿、中央大学代表俞庆棠、中华基督教教育会代表赵运文等等。典礼上,校董会主席徐亦蓁致开会辞。德本康夫人作离职演讲,重申了金女大的办学宗旨,是为中国"训练虔诚的基督徒领袖",并指出:"信、望、爱乃金女大之办学根基。金女大是以基督的爱来办学,以基督的精神来维持。这种爱植根在神的爱里,由基督彰显出来。"她期望学校能够继续培养学生的灵性,以耶稣基督为榜样来发展学生的人格。演讲过后,她将学校的印章交给徐亦蓁,后者又代表校董会将印章交予吴贻芳。吴贻芳在接受印章之后发表了简短的就职演说。她说,自己因为能力与经验有限,对承担校长一职感到畏难,但是,为了学校的发展和中国妇女的基督教教育事业,她愿意与众位同事一起努力。吴贻芳回顾了学校以往经营奋斗所取得的成绩,"一方面有

◎ 1928年，吴贻芳由美回国，就任金陵女大校长。

这样壮丽的校舍，完美的设备；一方面在社会上有120多个毕业生，在教育界及其他事业上服务"，勉励"同学们文理并重，既具国学之思想，又得科学之方法"，并在学问与人格协调发展方面对学生们寄予厚望。接着，宋美龄也发表演讲，她称赞金女大"使命重大，设备完全，声誉隆盛"。与会嘉宾也发表了演说，纷纷对吴贻芳和金女大表示祝贺，并对中国的女子教育寄予厚望。典礼大会在隆重的气氛中圆满结束。值得一提的是，辞去校长职务的德本康夫人没有离开金女大，而是留在学校担任校长的西方顾问，并兼授课程，成为吴贻芳校长的重要助手。

二　智慧地完成学校注册

掌印金女大后，吴贻芳面临的第一个挑战就是在金女大办学宗旨上找到一种让创办人与政府都认可的表述方法，适应当时中国政府对外国人在华捐资设学的注册要求。对此,吴贻芳充分表现了她的智慧。

当时政府要求外国人捐资设立的教会学校,"不得以宗教宣传作为目的","学校课程必须符合部颁标准,宗教课不能设为必修课。"这两项规定与金陵女子大学创设的目的是违背的。在金女大工作的美籍教师和前任校长德本康夫人心目中,宣教工作是金女大的办学宗旨,如果不能进行宗教宣传,不开设宗教课,一方面会影响创办人的资助,另一方面与美国的政教分离宪法大有出入。因此,对政府的注册要求,她们希望采取拖延的办法。

在一般情况下,办学校向政府注册备案只要符合规定,不应该是一件困难的事情。但当时吴贻芳的处境却是处于两难之间:一方面,她不能只为承担承前启后的使命、履行创校人的办学理想而不顾中国时局的转变;另一方面,她又不能单为符合教育部的要求,而忽视教会的办学精神。其实在两难之间,吴贻芳首先面临的是金女大创始人不愿意放弃学校进行宣教、发展基督化人格的办学宗旨,她们认为中国政府要求教会学校不得以宗教宣传作为目的、宗教课不能设为必修课是对基督教的敌意。这就给吴贻芳出了一个难题,即,如何既向政府注册又能保留学校的宣教性质。她深知中国政府收回教育权不仅仅是为了让中国人做教会学校校长,更重要的是反对宗教在学校教育中的渗透。当时的教育部对一些教会学校尤其是教会大学在注册过程中希望保留宣教目的、保留宗教课程的要求没有网开一面。这就形成了教会学校注册期望与政府注册要求的对峙。金女大校董事会一方面认为要向政府注册,另一方面又希望保留学校创始人的设学宗旨。当吴贻芳主持的校行政组织向政府部门陈述学校董事会期望保留办学的宗旨不被认可时,吴贻芳又加以修改以配合政府的规定,但如此校董事会又不予认同。吴贻芳扮演官方与校方协调者的角色,一方面试图说服金女大校董事会同意向政府注册的事情,另一方面又在寻找着妥协的、双方都认可的办学宗旨的表述办法。

1928年12月,吴贻芳向金女大委员会介绍了其他教会大学注册的情况,明确指出,学校的办学目标不能载有"基督教"字眼,否则注册立案不会被批准。她以金陵大学、东吴大学为例,认为办学目标、设学宗旨加以修改方能获准立案,并以此建议学校董事会作出让步。吴贻芳为此还亲自拜访当时的教育行政当局,把交谈了解到的情况转述给校董会,以求立案注册之事尽速办成。但金女大董事会依然坚持办学目标中"发展基督化人格"字眼,而且金女大在纽约的组委会还提出了可否不注册的问题。为此,吴贻芳只得继续与教育行政当局联系,教育行政当局的回复是,要求学校注册的目的是删除那些只有大学名义而实质未达到大学水准的学校;如果金女大不向政府注册,政府也不会把校门关上,但金女大不能享受某些权利,如进口仪器和设备的关税减免,学生出国留学向政府申请奖学金的资格,毕业学生在政府注册的学校找到教席职位等。因此,吴贻芳于1929年月再次给金女大委员会写信,说服修改"办学目标"的内容,希望条文不要包含"在基督徒的赞助下"、"发展基督化人格"等措辞,以表示愿意与政府的规则相协调。同时,注册迟缓也给学校的发展带来困难,一方面严重影响学校招生,另一方面导致学生的不满,一些学生责问:为什么她们的学校在注册问题上比其他学校需要更多的时间?

在这种情况下,吴贻芳加大了注册立案的工作力度,最后,教育部同意金女大在哲学系将宗教列为选修课程。经过与教育部官员反复讨论磋商,最终教育部批准的办学宗旨的中文原文是:"董事会在南京设立这所女子高等学院,旨在按最高的教育效率来促进社会福利即公民的崇高理想,培养高尚人格,以期符合创办人的宗旨。"这样,金女大于1930年12月经教育部核准立案,完成注册。

这时国民政府颁布《大学组织法》,其中规定:"大学分文、理、法、教育、农、工、商、医各学院。凡具备三学院以上者,使得立为大学。不具备三学院以上条件者,为独立学院。"当时的金陵女子大学只有文、理两个学院,因此在向教育部立案注册后,金陵女子大学便更名为"金陵女子文理学院"。但人们仍习惯称之为"金女大"。

在金女大立案注册问题上,吴贻芳充分表现了她的智慧和才干,各方斡旋,最终得到教育部核准立案,完成注册。教会大学向政府注册以后,教育行政当局加强了对教会学校的控制。

但是,作为一所教会学校,在日常行政和教学工作中,吴贻芳严格遵守注册立案的要求,同时在一些针对学生的演讲中,增加了以基督教精神、基督人格要求的内容,强调学生要涵养基督的道德精神、牺牲精神,为社会服务,以此调整宗教教育改革后金女大与教会组织之间的关系。因而吴贻芳整体上很艺术地抚慰了学校创办人和外籍教师,并消除了教会组织对削弱宗教教育的不满,使他们对学校继续给予支持。

调整办学宗旨

吴贻芳是非基督教运动背景下出任金陵女大校长的中国人,她在尊重理解创始人为学校确定的办学宗旨的同时,不能不考虑当时中国的时代背景、社会背景而对办学宗旨进行一些调整。事实上,吴贻芳在出任校长之日起,就对金陵女大的办学宗旨开始了调整,即淡化宗教目的,与非教会大学注重学问和道德、养成服务社会的本领的办学目的相一致。吴贻芳在就职致辞中曾经讲:"金女大开办的目的是应光复后时势的需要,造就女界领袖,为社会之用。现在办学,就是培养人才,从事于中国的各种工作……学校国学科学同时并重,既培养了中国学者的思想,又能得到科学家的方法,然后到社会上去,才能应各种的新需要,运用自己所学,贡献给各种工作。"她同时指出:"凡是办教育的,没有不注意学问同道德的。"吴贻芳特别强调"训练妇女为国家乃至学校的使命"。很明显,吴贻芳对金女大"为伸展基督教在中国的影响缘故"而提供领袖训练、推进中国基督化的目的进行了调整,她把金女大办学目的的重心由扩展基督教在中国的影响转到了为国家培养有学问、有道德、有服务社会本领的人才上。正如黄洁珍女士所言:"吴贻芳的关怀更是广阔,她所强调的办学目的并非是宣教,她在金女大推动的基督教教育较为着重爱国的层面,是基督教教育中国化,而不是中国基督教化"。

那么如何使办学宗旨具体化呢?针对金女大招收女生的实际情况,吴贻芳把培养学生的健全人格作为办学的目的,她认为为国家需要培养人才,训练妇女为国家服务,首先就是要使学生有健全人格。这是她对于办学宗旨具体化的设计。吴贻芳讲:"人格教育的实现,因习惯贵在'慎之于微',而学校尤当注重慎微的陶冶,方能使整个的人生有良好的发展","要使学生能够人格完全与否,全在教职员方面平时所与以耳濡目染的模范之良否";学校教育"确非单独注意于课本上的接受,是在司教职者能在他们整个生活中表现基督的真精神,以熏学子"。

吴贻芳主张的"健全人格教育",从她执掌金女大之后的论述、演讲以及对学生的要求与训练可以看出,是有着完整的体系的。首先,要从细微处做起,而且要贯穿于幼教、小学、中学、大学教育的整个过程。其次,吴贻芳强调教师人格的示范,认为没有教师的人格示范、为人师表、为人模范,对学生的人格熏陶便难收成效。第三,吴贻芳强调人格教育对于整个人生都将打好基础。第四,吴贻芳所强调的人格教育的重心是道德品性的养成,是导人向善,懂得如何判断是非。第五,吴贻芳强调在人格教育过程中注重个人教育,因材施教。她在《基督教教育之特殊贡献》一文中指出:"要注重特殊的个人教育,对于学生的训育和化导,一个一个要特别地注意;要知道今后的教育,是重在质而不在量的,每一人有一人的价值和性格,应视其人格而'因材施教'。"第六,吴贻芳主张的"人格教育"是德、智、体、群、灵五育充分发展的教育,是完全人格的教育。这一点表现在她对学生的要求和训练上。第七,吴贻芳主张的"人格教育"是一种爱国教育。她常对学生们说:"我们办学的宗旨,是要把大家培养成就有高尚理想,不图个人私利,掌握一定专业基础知识,对工作认真负责,与同学们相互合作,对社会有精诚服务的态度,对国家从爱国主义出发,在各自的岗位上,尽到自己应尽的义务的人。"第八,吴贻芳主张参与社会服务和社会实践是进行人格教育和养成健全人格的重要途径。

作为一所女子大学的校长,吴贻芳十分重视妇女独立思想的培养。她教育学生:女性不能附属于男性,女性首先要经济独立,要有自己独立的性格、人格,有自己独立的事业。这样的独立精神的培养在金女大的校园中得到了充分的体现。在金女大,女生什么事都必须靠自己做,她们爱护自己、尊重自己、自立、自强。1952年金女大和金陵大学合并时,许多课程都一起上,化学课的实验还是有一定危险性的,金陵大学的女生很多危险的实验都不敢做,都是由金大的男生完成的。可金女大的女生自己搬桌子、凳子,实验很快就热火朝天地做起来了。

（四） 以"厚生"校训引领　实践"全人格教育"

在德本康夫人与蔡路得教授合作的《金陵女子大学》一书中说道："当1919年6月第一班的学生获得其学位时，学院已经有了自己的校徽、校歌、校服和校训。""校训是由学生和教师共同选定的，最后由董事部和金陵学院委员会予以确认。"关于厚生校训的内涵，在《金陵女子大学校史》中，有这样的阐述："金女大定'厚生'（Abundant Life）为校训，它取材于《圣经·约翰福音》第十章第十节中'我来了，是要叫人得生命，并且得的更丰盛'。'我来不是要人服侍我，而是要服侍人的。'意为人生的目的不光是为了自己活着，而是要用自己的智慧和能力来帮助他人，造福社会，这样不但有益于别人，自己的生命也因之而丰盛，即'施比受更为有福'的精神。第一任校长德本康夫人曾对此进行过专门诠释：'厚生就是在各个方面得到至善至美的发展。在多项发展中，学生人格的塑造，基督生命的培育至为重要。获取丰盛生命的学生才懂得为人类社会多作贡献。'"

吴贻芳对"厚生"校训有很深的理解，曾对其加以阐发："当时学校用厚生作为校训，涵意为：人生的目的，不光是为了自己活着，而是要用自己的智慧和能力来帮助他人和社会，这样不但有益于别人,自己的生命也因之而丰满。学校用这个为目标来教导学生,并在学校生活的各个方面以潜移默化的方式引导学生向这个方向努力。"厚生即丰满的人生,不仅自己的人生要丰满,同时也要使别人的人生丰满。这样做的前提是自己要有能力帮助别人,因此"自爱"是"给予"的前提,在自己能力提升的基础上,服务社会、帮助他人,才能实现真正的厚生。"厚生"校训,是金女大的精神和灵魂。

金女大以"厚生"校训为指导,在"全人格教育"的过程中,在教师与学生的交往中,在师生漫长的人生历程中,无论前进的道路有多少艰难险阻,均一以贯之。在金女大师生的共同努力下,厚生校训已成为所有金女大人的毕生信念和精神支柱。

1. "自爱"——丰满智慧和能力

厚生校训强调人生的目的不仅仅是为了自己,更要用自己的智慧和能力来帮助其他人,以有益于他人,同时也使自己的人生受益。因此,使自己拥有足够的智慧和能力,即为丰满自己人生和他人人生的前提。人只有先爱自己,才有可能和能力去爱他人。自爱是人的一种美德,是一个人积极进取、自我完善的强大的内在动力,也是推动道德进步的主体杠杆。厚生校训的核心即关注学生的智慧和能力的提高,促进学生身心的和谐发展,以"自爱"这一"爱人"的前提为本。吴贻芳在学校的日常教育教学活动中,积极发展学生的专业兴趣、关注学生的身心健康,将"自爱"贯彻于学生的学业和生活中。

金女大是在近代率先引进美国先进的办学模式和教育理念

的高等学府。促进学生专业水平的提高,完善智慧和能力,主要依靠的是发展学生的专业兴趣,并从学校教育教学的各个层面引导学生专业兴趣的发展。

其一,丰富的专业设置。金女大先后设置的专业有:中文、英文、历史、社会、经济、政治、哲学、宗教、音乐、体育、数理、数学、物理、化学、生物、地理、家政、医预科、护预科等等,几乎包括了同时期欧美大学中的各个专业。广泛的专业设置,保证了学生可以根据自己的兴趣选择自己所要就读的专业,是发展学生专业兴趣的前提。

◎ 1932年,金陵女子文理学院图书馆内。

其二,灵活的管理制度。1925年后,学校开始实施主修、辅修(也称副修)制,学生可根据自己的爱好和特长任选一个主修系,一个辅修系。主辅修制的实行,为学生提供了更多专业选择的机会,为学生专业兴趣的发挥提供了更广的平台。另外,金女大尊重学生的兴趣和选择,在教学管理中对转专业的条件非常宽松。学生在学习过程中如果发现自己并不适合所选修的专业,或兴趣不在于此,都可以较自由地转系。1947级的校友甘克超的经历即是如此。"入学考试的时候,听说地理系的刘恩兰博士很了不起,是牛津的博士,就进了地理系了。念念觉得我的兴趣不在这儿就想转系,学校也允许,就转到化学系了。受好朋友的影响,说医护预科好……和学校说要转,一点没费事,又转成了。可我妈妈不同意我做护士,我转了又转,和学校商量,改家政。……我又转成了,成了营养专业的学生,一直到毕业。"学校对学生专业选择和专业兴趣的尊重和宽容,成就了很多女界精英。比如新中国第一位交响乐女指挥家郑小瑛,1947年考取北京协和医学院后,在金陵女子大学生物系攻读医预科,又在音乐系主修钢琴。

其三,先进的教学理念与方法。金女大的教学,不是以教材为中心,而是以问题为中心,采用讨论式、参与式方法,这就要求教师必须善于调动学生积极性,使其发挥主体作用。1952年毕业于社会工作系的陈祥凤回忆上英语课时的情景:"上课时到校园里散步,一边看一边说,看到什么说什么,有时(老师)叫我们到她的宿舍喝茶,面对面进行会话,使我们口语能力进步很快。"

理科学习亦强调理论与实际相结合,多动手操作。当时有些中学没有理科实验,学生缺乏理科实验的基础知识,所以理科教师如蔡路得博士,从新生开始上实验课就系统地、有序地训练学生独立操作能力。她对实验操作要求十分严格,以培养学生严格对待科学的态度。

1948年的毕业生梅若兰回忆当时的化学系主任吴懋仪老师:"对于吴老师大家是又喜欢,又害怕。喜欢的是因为吴老师授课很精彩,同学们喜欢听她讲课,也很乐意去做实验,甚至是一般男生都不敢做的有些危险的实验,金女大的学生也会积极地去尝试、去试验;而害怕的则是因为吴老师严谨细致,用现在的话说很容易被吴老师'抓住小辫子'。一次化学实验后,吴老师把我叫到了办公室,问道,知不知道你刚才犯了一个严重的实验错误?我把实验前前后后想了一遍,一切都很顺利,只是结束前找不到一个试剂瓶的瓶塞,在柜子里找了一个瓶塞塞上了而已。'你盖上试剂瓶时随手把一个木塞塞住了瓶口,而试剂瓶原来是玻璃塞。木塞会掉木屑,造成药品不纯,这是万万不可的。回去换掉整套瓶子,下次不可以!'吴老师严厉地责备道。就是这样一位令同学又爱又怕的老师把我领进了化学知识的这扇大门,同样地也领进入了人生这个更大的舞台。"扎实的基本功为学生今后的深造和发展打下了良好的基础。如医预科和护预科学生报考协和医学院和协和高级护士学校,没有不被录取的。

1933级毕业的理科生胡秀英①回忆:"黎富思博士主讲植物学,把我们领到田里,每人给朵蚕豆花,由外向内,一匹一片的萼瓣雄雌芯讲解,且指定参考书写报告;祝海如老师负责昆虫,领我们到四百号旁的椿树旁,要我们数刚出卵的椿臭虫的数目,观察小虫的形态活动,记录他们的改变;惠德美女士担任南京鸟类观赏,每人颈上戴个望远镜,先在校园,后到玄武湖、灵谷寺、紫金山、滁州醉翁亭,翻山越岭,每见一鸟形,听一鸟声,大家立刻

---

① 胡秀英(1908—2012),美国哈佛大学终身教授,被誉为"会走路的植物学百科全书"。

站住,打定鸟之所在方向,轻轻移步,直到看见该鸟。观察其颜色、形状、大小、举动、前喙后尾,最后学习其名称,考查其分布、生活环境。田园树下山崖水边,处处都是教室,昆虫花鸟个个都是学问。"①

◎ 家政系学生在实践家庭管理

金女大规定音乐系的同学都要举办演出会才能通过毕业考核。学生有时会以各种原因抵制。1936年毕业的慕淑勤同学性格内向、怕羞,又因为创作了钢琴乐谱、数首独唱与合唱歌曲,任课老师就同意了她不办音乐会的请求。吴校长知道了后对她说:"音乐会办不办,要按照学校的规定,不是老师一个人可以决定的。"音乐会两周前,因不希望别人参加,慕淑勤连续两次把学校布告栏内贴出的为她举办音乐会而特别印刷的请帖撕掉。吴校长找到她,严肃地指出,撕请帖是违反校规的行为。此后,不仅再一次把请帖贴到布告栏,还以慕淑勤的名义邀请她中学的校长、好友、音乐老师及音乐系高年级同学参加音乐会。5月20日音乐会顺利结束时,慕淑勤激动地发现吴校长亲自到了现场并且为她送来

---

① 《吴贻芳纪念集》,江苏教育出版社,1987年版,第159页。

了花篮。

其四,浓厚的学术氛围。学校学术气氛活跃,学生视野开阔。吴贻芳就任校长后,十分注重学术交流,不断聘请国内外知名学者到学校演讲、作报告。仅1933年秋到1936年,受邀来金女大作报告、演讲的就有:外交部情报司司长李迪俊博士演讲《外交与情报》;华中大学校长韦卓民博士到校演讲,希望学生"博学"、"审问"、"慎思"、"明辨"、"笃行",以求"创作",贡献于社会;外交部参事林东海博士演讲《新疆概论》;全国经济委员会农业处副处长、燕京大学社会学系主任许士廉博士演讲《华北农村组织》;金陵大学农学院副院长章之波演讲《从吾国农村的危机说到吾辈青年的责任》;财政部赋税司司长高秉坊先生演讲《捐税与农村》;武汉大学校长石荫青演讲《到乡村去》;实业部矿业司司长、钢铁专家黄金涛演讲《钢铁对于建设事业之功效》;中央大学艺术科主任徐悲鸿演讲《游欧之经历》;全国经济委员会专员徐国恐博士演讲《全国经济委员会之组织及事业》;陈斟云先生演讲《中国现代化》;中央大学教育学院吴南轩教授演讲《心理卫生》;美国政治学教授霍尔康博士、波兰公使魏登涛夫人来校演讲;金女大毕业生郝映青回校演讲《实地农村服务经验》;中央大学政治学教授王季高博士演讲《国际局势与中国地位》;美国密执安大学天文学教授罗佛司演讲天文知识;行政院秘书吴景超演讲《妇女运动之过去及其将来》;等等。这些都促使金女大学生能在更大范围、更高层面来关注时势,关注社会热点与学科理论前沿,培养思维能力与创新能力。金女大的许多教师也不定期地举行学术报告,介绍自己的研究成果与人生、社会经历。

汪安琳是1946年进入金女大的。1948年,她和其他几个同学一起创办了一个社团"致知社",旨在活跃金女大的学术气氛,组织爱好科学的同学一起讨论学习有关自然科学的问题,互相切磋,共同提高。这个社团在校内外办了不少活动,有不错的口碑。有一天,吴贻芳同见了汪安琳,高兴地说:"你们致知社办得很不错,活跃了校内的学术气氛。"

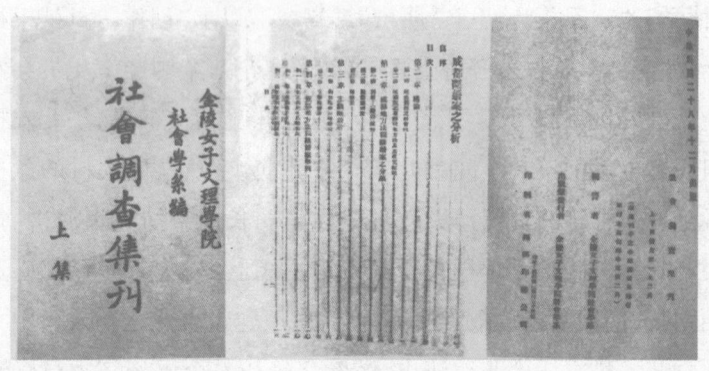

◎ 金女大学生做的社会调查集刊封面、目录、封底。

其五,重视外语教学。吴贻芳认为,受过良好的英语训练,就有更多的机会出国深造,学习先进的科技知识,然后回国服务。这是当时中国需要的。因此,吴贻芳要求:"一二年级必修英语,在二年级读完后举行一次英语概括考试,测验学生对英语的理解和运用能力。测验及格才准升入三年级,主修或辅修英语者,免试英语。如果测试不及格,必须在三年级补读一年英语,再参加概括考试,如果仍不及格,就须自动退学。"在金女大普通的英语课中,每学期必须读若干本英语名著。英语系四年级学生的作文,教师批改后还要做个别辅导,十分认真。学生平时读、写、听、说英语的机会较多。除中文外,教师讲课多用英语,参考书也以英语为多。记笔记,答考题,写报告,也多用英语。每学期都有英语演讲会、辩论会。所以,金女大毕业生,不论主修哪一个系,都有一定的英语水平。许多金女大的学生毕业后都从事过英语教学。特别是中国改革开放早期,社会对外语的需要激增,金女大的毕业生为此作出了很大贡献。

◎ 英语口语课

教师们先进的教育教学理念和高超的教学水平,保证了学生很高的专业水准,培养了学生的科学精神和终身学习的能力。

其六,无微不至呵护学生的身心健康。发展学生的专业兴趣可以促进学生的专业水平,但这还不足于使之具有服务社会、帮助他人的智慧和能力。扎实的专业知识加上健全的身心,才是丰满人生的基础。金女大对学生身心健康的关注亦是无微不至的。

学生在金女大享有较好的健康保健条件。每年秋季开学时都要进行严格的健康检查。新生检查体格后建立健康档案,由学校保存,定期复查。检查后,对有轻度骨骼问题如平足等的学生,教一套体操来矫正。经检查属体弱的学生还另加营养伙食,经济困难者由学校补助。

学校有住校专职护士一人,校医每周来校一次,治疗一般病痛,如发现重病及时送往医院治疗。毕业生严彩韵姐妹捐赠的医务室除普通病房外,还有短期隔离病房。抗日战争时期在成都华西大学办的医院,五所大学的师生都可以去就诊。学校十分重视膳食管理。学生的饭菜有必需的营养,并且在冬季注意保温,不叫学生吃冷饭冷菜。餐具清洁卫生。开水供应充分。

◎ 1936年,校友严彩韵(1921化学)严莲韵(1924化学)严幼韵、严华韵姐妹提取父亲严子均遗产中的部分款项向母校捐赠了一座小医院,后来成为学校的疗养院。她们的丈夫(吴宪、徐振东、杨光泩、郭文钧)则捐款购买了疗养院内的设备。左照为严家三姐妹,右照为严莲韵与丈夫徐振东。

校友梅若兰回忆说:"在成都时我体重不及格,学校发通知让我每天中午10点到一个地方吃营养餐,肉末、蛋花、青菜,好吃又不要钱,吃到我体重合格为止。"

秦筱娴是1948年进入金女大的。她抗战时期在大后方读中学,那时条件艰苦,曾患肺结核病,考入金女大体检时发现肺已经钙化了。校长规定给她增加一份营养菜,如炒猪肝等。同时,秦筱娴还领到过鱼肝油丸、钙片等药品。如此营养补给,使得她在紧张而有规律的校园生活里过了两个月之后,健康大有好转,数十年再也没有复发过。

在成都华西坝时期,在校师生要定期体检。一天中午,张素方发现自己的餐桌上多了一盘炒猪肝。这使张素方想起体检时校医室的段玉清医生告诉她说,她的左肺尖有点问题。原来这盘炒猪肝是为她增强体质、滋补身体以增强抵抗结核病能力的。段医生还说过,张素方的扁桃体肥大,最好摘除,张素方当时年轻无畏,没当回事。哪知在当年的寒假,她就和其他几位同学一起被学校送到陕西街眼耳鼻喉专科医院住院接受扁桃体摘除手术。后来学生们才知道,是吴校长知道了她们的体检结果后不放心,令医院作出周密的安排,利用假期让同学们住进最好的医院接受手术治疗。这样既对学生的健康有利,又不影响学业。如此看来,吴贻芳校长不仅关心学生,还特别细心啊!

吕慰庭1938年秋天进入金女大成都校区。当时,她对南方每餐吃大米的生活特别不适应,尤其对当时的"平价米"更不习惯,所以每次吃饭不由得流眼泪。但是,过了几天,吕慰庭发现自己的餐桌上竟然有了馒头,感到非常惊讶。桌长告诉她,这是吴校长特地交代厨师为她准备的。吴校长细心地观察到了吕慰庭每次吃饭流眼泪,还了解到了她流泪的原因。校长还让桌长转告吕慰庭说:"先这样吃着,将来慢慢会习惯的。"吕慰庭深受感动。

金女大十分重视体育,而且将注意力放在普遍提高学生体质这一点上。体育在金女大是唯一一门四年皆开的必修课,一二年级每周有四节体育课。三四年级每周有两节体育课,不及格者不能毕业。上体育课纪律很严,每个学生必须按教师的要求去做,内容包括各种体育训练,如徒手操,各种田径、球类活动等。体弱的学生可以不参加剧烈的体育活动,另设一班,让他们进行力所能及的活动。体育老师不仅教体育技术,而且对学生站立、走路、坐的姿势格外注意。学生的凹胸凸腹、弯腰驼背等不正姿势都需要纠正。吴贻芳特别注意女生的形体训练,给学生们留下了深刻印象。她要求学生走路要抬头、挺胸、收腹。有时她在楼上看学生训练,见动作不对就下来亲自示范,要求很严。一次,一位低年级学生发现吴贻芳的双肩不平,向她指出,吴贻芳问旁边的人是否属实,旁边的人告诉她有一点点。吴贻芳当场表示"那就改"。过了一段时间,吴贻芳还亲自询问学生改好了没有。

◎ 1948年体育舞蹈表演盛会上学生表演法国宫廷舞

金女大课余体育活动很多。每学期都有班级间的球类比赛、民间舞蹈表演等活动。每年冬季来临前要举行一次全校运动会,每年春季要举行一次室内外体育表演。学生的体育表演和学校的运动会吸引很多人来观看。金女大的毕业生一生都得益于母校对其身体素质的训练,她们中长寿者居多,施葆真、胡秀英均104岁辞世,90多岁的王明霞身手矫健,跑着走阶梯。良好的身体素质是金女大学生们专心学术研究、事业有所成就的基础,也是其服务社会和他人的前提。

◎ 1936年吴贻芳亲赴柏林慰问金女大参加第十一届奥运会全体成员

除了对学生身体素质的关注,金女大更在精神上关心、爱护学生,呵护学生的心理发展。金女大实行的是家庭式管理模式,师生、同学之间亲如一家。学校制定了导师制、姐妹班制、新生周制等,从制度上保障了学生能够健康地在金女大学习和生活。

◎ 金女大的射箭课,既有女性的柔美,又有男性的刚毅。

　　导师制是金女大的一大特色,1916年时就已经实行。每一位导师带八九个至十几个学生,用小组互动或其他方式帮助学生解决学习、生活、思想、行为及其他方面的问题。导师的引导令学生在耳濡目染中自然地接受教育。吴贻芳在1930年曾说:"师生之间能多一层接触,便多一层谅解;所施的教育,也多一份成绩。对于学生的训育和教化,一个一个要特别注意。"由于金女大为小规模女子大学,师生比例为1∶4.6,因而导师的指导能够真正影响到每个学生个体,起到家庭化管理的效果。1940年金女大的学生手册中规定了导师的职责包括对学生进行个别辅导、团体指导,与家长取得联络,了解学生所选课程及成绩,知道学生身体健康状况和思想行为,并准备学生毕业时的训导证书。导师还必须在学校下发的教员意见表上填写学生的上述情况,其中与学生学习情况相关的内容占了大部分,包括学生是否存在"基本训练不足"、"成绩过劣"、"天资愚钝"、"运用英文能力不足"、"数学程度不够"、"运用国文能力不够",以及"课外或校外工作太多"等一系列问题。但是如此严格的导师制实行起来却是温馨且富有温情的。开学初会有个人顾问的 party 及吴贻芳校长接见新生的仪式。从新生入学直到毕业,每一位同学都由她的主修课老师全面负责。导师帮助学生考虑其主修辅修的专业方向,平时"训导主任及导师均住在学生宿舍,三餐亦与学生同桌,颇负责"。金女大学生与老师之间的关系亲近,有如亲人,导师对学生的学习生活情况也都一清二楚。吴贻芳校长本人也曾担任过顾问,经常与学生一起谈心,了解学生的兴趣爱好和家庭状况,并指导她们的学习和生活。

学校还让高年级与低年级学生结成姐妹班,在平时的学习和生活中互帮互助。学生在学习和生活中遇到任何烦恼和困难,都能及时向老师和同学们倾诉、寻求帮助。新生在遇到诸如想家或饮食不习惯等问题时,都能受到导师和"姐姐"的热心关怀和帮助。另外,学校还专门设立新生周,帮助新生熟悉新的学习和生活环境,顺利渡过对新环境的适应期。亲密的师生关系和姐妹情谊保证了学生的心理健康发展和完整人格的养成。

◎ 金女大 1934 和 1936 两个年级姊妹班合影。三排中间为姐姐班朱觉方,双手亲昵地搭在妹妹班杨恩的肩上。朱觉方身后为妹妹班班长吕锦瑗。

金女大就是这样照看自己的学生的!这种对学生智

慧、能力、体质、保健、饮食营养、心理健康的全面重视,充分体现了吴贻芳重视生命,珍惜生命,要学生生命丰满的厚生理念。

2. "给予"——奉献社会服务他人

"自爱"是厚生校训的起点和核心,是"给予"的前提条件,只有提高自己的智慧和能力才能够帮助别人、服务社会。厚生校训的目标在于"给予",即"人生的目的,不光是为了自己活着,而是要用自己的智慧和能力来帮助他人和社会",最好的体现即从事社会服务。金女大的社会服务在学校的办学指导思想、学校的专业设置以及师生的社会服务践行等方面得到了充分体现。

其一,专业设置重视为社会服务。金女大专业设置的出发点十分关注为社会服务和适应社会建设的需要。1920年代以后,随着社会的发展变化和社会的需要,金女大及时调整了系科设置,逐渐加强了一些受社会欢迎的系科和专业,停办了一些社会需求不多的专业。设置专业也充分考虑到了学校作为女校的实际情况。当时中国女性从政或参与理工类工作的为数不多,且面临着要做贤妻良母的压力,因而金女大在系科设置中比较重视社会学系、医预科、护预科以及家政系和辅修系教育学的建设和发展。其中社会学系和家政系堪称金女大的品牌特色专业。从社会学系学生的论文题目中,可以看出社会学系对社会问题的关注和社会服务意识的深入人心:如马必宁的《成都慈善机关调查》、蔡淑美的《成都保育院难童调查》、卢宝媛的《成都市三十个犯罪儿童的研究》、李秉贞的《成都市牙刷工业及其工人生活概况调查》等等。

其二，师生的社会服务践行。金女大的校训为"厚生"，就是希望学生们在学校领受丰盛的生活，同时也能与他人分享这种生活。金女大第一任校长德本康夫人认为："社会服务是学校精神的一个重要的输出方式。"吴贻芳任校长后进一步强调为社会服务的精神，鼓励学生从事公益事业并服务于社会，并特别强调为社会服务要见诸行动，其自身也积极投入为社会服务的活动中。在输出学校厚生精神的同时，也树立了金女大良好的社会形象。

金女大师生社会服务践行的内容可以分为邻里服务、乡村服务、突发事件服务和专业服务等方面。

一是邻里服务。金女大学生的邻里服务工作是多方面的，包括开办邻里学校，为学校附近的妇女和儿童提供免费学习的机会；兴建邻里中心，为附近的妇女提供教育、医疗、职业培训、娱乐活动等；此外还走出校门访问邻里，为居民提供切实的帮助。

二是乡村服务。金女大在抗战时迁往的成都和返校后的南京的郊区都设立了乡村服务处，教当地的农民识字，帮助他们培养职业技能，改善医疗条件，成立托儿所等等，希望借此服务于农村社会，服务于当地农民，改变当地贫、愚、弱、私的状况。

1939年暑假，金女大在西迁成都办学之后，为适应战时需要，组建了乡村服务处。乡村服务处位于四川仁寿县中和场，距离成都约二百多里。吴校长曾多次翻过几千米高的二峨山去探望同学们。她双脚走路不方便，依靠黄包车，艰难步行，同学们深受鼓舞。乡村服务处以社会学系学生为主体，分成妇婴组、幼

◎ 1937年，来到乡下的金陵女子文理学院学生。

儿教育组、挑花组、鸡种改良组等若干小组，利用寒暑假帮助开展各种专门的活动。妇婴组的活动主要由成都进益产科提供医药器械，借用有经验的助产士一名，在当地招收初中程度女青年作为助手，每天上午开展门诊，定期检查孕妇的情况，治疗婴幼儿疾病，还根据季节变化给儿童打防疫针、种牛痘等。对产妇，只要来访，不论远近，日夜出诊。这些服务收费低廉，贫苦农民无钱就免费。接生后还要做家访，直至婴儿脐带脱落。妇婴组还不时召集母亲会，宣传育儿知识。

幼儿教育组的主要活动是在农忙季节，组织免费上学的幼儿班，由金女大学生到农村挨户招生，再按年龄分班次，对这些孩子进行教育。挑花组的活动主要是组织当地妇女，挑绣桌布、床单、窗帘、餐巾等，由学校运往国外换取外汇。鸡种改良组的活动以生物系学生为主，对仁寿县的鸡种进行改良，以提高当地鸡的产蛋率和抗疫力。

1946年，金女大迁返南京，在距离南京大约20公里的江宁县淳化镇成立了乡村服务站。这个小镇在5公里半径范围内，约有50个村庄。淳化乡村服务站成立后，主要开展妇女儿童工作。服务站指导农村妇女从事手工艺品如刺绣、儿童玩具的制作，并代为联系出口，以改善当地农村经济。同时进行妇幼保健知识、技能的传授，主要开设阅读、书写、编织、卫生、家庭经济、唱歌以及公民知识等课程。服务站还创办了托儿所、幼儿园，以减轻农村妇女的劳动负担。服务站同时是社会学系学生的实习实验基地，社会学系四年级学生都要去进行数周的社会实践。学生通过实习，在进入社会以前就能了解农村社会，锻炼实际能力，拓宽和深化理论的学习，使年轻的社会工作者在厚生精神的指引下，在为农村和村民服务的过程中，养成为祖国和人民无私奉献的品质。

◎ 1949年，金女大社工系部分师生与南京江宁淳化镇儿童福利站孩子合影。系主任范定九(后排右一)汤铭新教授(后排右三)陈祥凤(第二排左二)。

三是突发事件服务。在自然灾害和战争等突发事件面前，金女大的师生表现出充分的社会责任感。如1931年，长江、淮河流域发生了罕见的大水灾。灾情引起了全校师生的极大关注。学生们一致决定，宿舍冬天不生火炉，将节省下来的取暖费用全部捐赠给灾民。此外，学生们还捐款捐物，救济灾民。抗战的特殊时期，她们更以国家民族的利益为首要出发点。吴贻芳校长勉励全校师生：当国家民族需要服务时，吾人能有"我在这里，来差遣我"之态度。师生们积极为灾民募捐，举行义演，组成战时服务团，参加抗日救亡运动。尤其值得一提的是，在抗日战争中，华群（即明妮·魏特琳）教授等几位金女大教师放弃离开战火的机会，留守在战火中的南京校区，将金女大改造为避难所，冒着生命危险庇护了成千上万的中国妇孺。

四是专业服务。抗战胜利后不久，金女大创办了家政系。金女大家政系列于理科系列，设有儿童福利、营养、应用艺术3个专业方向。家政系创办后的第二年，曾为民众举办过一次展览，这一展览具有特别重要的意义。当时物价陡涨，许多食物的价格百姓都不敢问津。展览中有如何保持膳食中的营养平衡，如何在廉价的食品中寻求有价值的食物资源，例如各种各样的黄豆制成品，富含铁和钙以及其他微量元素的各种食物等。针线活展览则展示了用当地材料所制成的各种吸引人的日用品。

随着战争的加剧，孤儿和难童越来越多，一些人士对流离失所、无家可归、急需救助的儿童的努力，常常因缺乏训练而遭受挫折。由吴贻芳担任主席，14名师生组成的儿童福利委员会制订了一个完整的计划，包括儿童发展、儿童心理、儿童健康、儿童营养以及儿童福利机构的管理等内容。1943 至 1944 年间,吴贻芳亲自领导金女大为儿童福利事业做了两件重要的事。一件事情是与华西大学医学院附设医院合作,在神经科程玉麟教授指导下,举办了一个儿童行为指导所,开创了我国儿童行为研究和指导的先河。参加这项工作的除了华西大学医学院外,还有金女大的几个系科的教师和不少高年级的学生;另一件事是创立了金女大儿童福利实验所。这是一个服务于社会,造福儿童的机构,资金完全由金女大提供。所主任、总干事及干事都是金女大的毕业生。试验所内设立托儿所,所收儿童都是附近摊贩、小商人、城市贫民的子女。托儿所分半日制和全日制两组,聘请幼儿教师和保育员,其中幼儿教师均为幼师及幼教专业毕业生。她们对这些儿童实行规范化的管理保育,很受社会欢迎。试验所里还设有小学班,招收的学生,全为失学儿童,全部给予免费教育。小学班分初级、高级两部分,特请了华西大学教育系学生

◎ 汪爱丽 1949 年 4 月 1 日到金女大儿童福利实验所工作

和本校勤工俭学的大学生授课，担任班主任工作。所内还设立儿童健康服务部，特约齐鲁大学医学院护士一名，每周来所一次，为儿童进行简易治疗，一旦发现儿童身体有毛病，立即给予治疗。冬季还特设有儿童浴室，每周开放一天，供给热水和肥皂，让儿童洗澡换衣。与此同时，试验所还开展社会个案工作，即从家访中选出一些有特殊困难的家庭，作为重点帮助对象。列为个案的，试验所的工作人员和在试验所实习的学生就会群策群力，从各方面帮助解决困难。试验所从事家访的干事要指导本校大学生个案实习，并审阅实习生个案记录。

抗战胜利迁回南京之后，金女大在宁海路对面，恢复了儿童福利试验所，其规模比成都更大，条件也要好得多，试验所共有专职人员十人，拥有美国援华会的经费资助，还设有儿童行为指导所，参与社会服务。所做的工作主要有三个方面：一是每周分配一个工作日去南京神经病防治医院，参加病案讨论和儿童行为指导门诊工作。在门诊病童中，挑选有典型异常行为的儿童，进行心理与环境的个案追踪研究与治疗；二是每周分配半个工作日去中央医院儿童保健门诊，向家长解答有关儿童心理与教育的问题。挑选有异常行为倾向的儿童，进行心理和环境的个案追踪研究；三是每周分配半个工作日去中央大学示范学院附属小学，与有关班主任共同研讨该班有异常行为的儿童的问题，并挑选其中问题较大的，进行心理和社会的个案追踪研究与治疗。儿童行为指导工作在1948年因为战争局势紧张而被迫暂停，1949年又恢复，并且一直开办到1951年9月。

金女大在吴贻芳的领导下开展的这一系列工作，一方面帮助了社会上处于最底层的妇女和儿童,一方面也大大地锻炼了金女大的学生,使她们接触到实际的生活和具体的人群,培养了献身于国家、服务于社会的精神。

1933级毕业生胡秀英(哈佛大学终身教授)评价母校时说:"为达到学生有丰满的人生,学校采取课程、设备、课外活动三结合的方法。在课程方面学校请来国内外的名师,使用现代化的课本,置买新式的仪器,广购中西图书,特别提倡音乐、体育。在设备方面,学校建筑美丽的校园,提供卫生房舍,注重饮食健康化。以我个人的经验,金陵在学生起居饮食健康方面的设备照顾,比起在哈佛大学女校 Radecliffe Collage 的研究院四十年代的设备更加完善。这是公正的评估,因为我对两校同样的忠心。在课外活动方面,金陵原有学生自治会负责宿舍生活,学生会代表同学联络校外各校会,青年会自理宗教活动,文学会负责校刊文艺、辩论节目,体育会提倡个人每日保健运动,收存记录卡片,安排班队校队球类比赛,协助举办运动会。吴校长主校三年后为协调各会工作,提出成立课外活动委员会,于四月大选时,由全体同学选举各会主席、书记、干事,各宿舍舍长,校刊总编辑。课外活动委员会由主席、书记、各会长组成,每月开会一次。大选之前,各级先选举班长,各会提出其主席候选人。课外活动委员会史无先例,我是怎么被放到选票上的,到现在对我尚是个秘密。课外活动委员会的成员,除了书记外,都是同班,体育会会长,是我在球场上的劲敌,在开会时也常用比赛的手法突击刁难,给我很多学习镇静忍耐的机会,在金陵期间,在德智体群方面,我受了丰丰满满的训练。"①

◎ 1947 年,吴校长与学生自治会干部合影。

金女大的学生在毕业离校后,依然把践行社会服务的精神带到了日后的工作中。金女大的近千名毕业生在多个领域都颇有建树,贡献了自己的力量。金女大 80% 以上的毕业生都走上了服务社会之路,就业的主要行业是教育界、医护界和社会服务,另外有 1/10 以上的毕业生从事科学研究。许多毕业生成为享有盛誉的中外著名的教育家、科学家、音乐家,政府高级干部或部队高级将领。如,中科院院士著名的生物动物学家沈韫芬教授,中国社会科学院荣誉学部委员、著名的非洲学研究专家葛佶研究员,被称为"中国居里夫人"的清华大学首位女教授王明贞博士,中国第一位女海洋学家刘恩兰教授,中国近代女子体育

---

① 《吴贻芳选纪念集》,江苏教育出版社 1987 年,第 159 页。

教育创始人陈英梅教授,国际著名植物学家、哈佛大学终身教授胡秀英博士,眼科专家刘家琦博士,有机化学家吴懋仪博士,金属玻璃研究专家何怡贞博士,营养学家严彩韵教授,医学影像学和放射学专家李果珍博士,病毒科学家熊菊贞博士,高山病研究专家彭洪福将军,传染病学专家皇甫玉珊将军,化学裁军核查专家钟玉征将军,中国第一位女指挥家郑小瑛教授,心理学家茅于燕教授,教育学研究专家鲁洁教授,全国妇联张素我副主席,等等。这些名字犹如一颗颗璀璨的星辰,在历史的长河中熠熠生辉!

金女大的毕业生在各个岗位上尽职尽责,将金女大的"厚生"校训融进了自己的生命中,切实地为社会和国家贡献自己的智慧和能力,不仅帮助了更多人,也丰富了自己的生命。遍及海内外的金女大毕业生取得的卓越成就令世人瞩目,为金女大赢得了国际声誉,在中国教育史上留下了辉煌的一页。

肆

抗战烽火　铸就铿锵玫瑰

在大时代中，各人皆有极大之使命，吾人对此使命要有痛切之认识。要"拿炭烧口"，要亲自进入火中，由火与血之经验中，再生出热烈情绪，除去苟且偷安之恶习。当国家民族需要服务时，吾人能有"我在这里，来差遣我"之态度否。

——吴贻芳华西坝1939年演讲录

一　　西迁之前

1931 救济灾民　九一八事变爆发,日本帝国主义抢占了东北三省,他们的野蛮行径激起了全国人民的愤慨。金女大的学生走上南京街头游行示威,组织请愿集会。为了抵制日货,全校师生还分小组到各个街道的商店检查日货,并主动地将自己的日货交出来。吴贻芳作为校长,带头将自己的日货衣服交出来销毁。她还请地理教师刘恩兰带领学生举办中国地理展览会,以激发学生的爱国热情。

同年,安徽和苏北遭受重大水灾,成千上万的饥民衣食无着,南京的大街小巷都是灾民。严冬即将来临,灾民的日子越来越难过,不断有灾民聚众哄抢粮食和日用品的消息传来。吴贻芳看在眼里,急在心头。眼看着灾民越来越多,天气越来越凉,吴贻芳意识到,金女大应该为灾民做些事情了。这天晚上,吴贻芳心事重重地来到学校的饭堂。正是用餐的高峰时期,很多学生都在吃饭,食堂里十分喧闹。吴贻芳站在食堂的中间,若有所思。同学们看到校长表情严肃,就意识到校长有话要说,于是,大家纷纷放下碗筷,安静地注视着吴贻芳。

吴贻芳清了清嗓子,柔和但又严肃地说:"对不起,同学们,耽误大家一点时间。"说到这里,她扫视了一下周围的饭桌,"同学们,我们身处校园,在用餐的时间,可以享用可口的饭菜。但是,也许大家都知道了,今年安徽和苏北发了大水,淹死饿死了许多人!现在,南京街头遍地都是灾民,他们缺衣少粮,无处安身,马上就是严冬了,很多人连御寒的棉衣都没有。虽然政府采取了救灾措施,但是还远远不够。这些灾民如果不能得到及时的安顿,就只能被饿死、冻死,或者聚众抢劫。同学们,我们都是中国人,我们能眼睁睁看着自己的同胞在无助中死去,或被迫铤而走险吗?我们不应该为这些灾民做些什么吗?"话音落地,本来安静的食堂变得更加沉静了。终于,有同学忍不住哭出声来,一个又一个同学忍不住泪流满面,整个食堂一片哭声。吴贻芳强忍泪水,慈爱地望着每一个学生,她在期待着这些孩子们的回答。终于,一个学生喊了起来:"我们要捐钱救灾!"这一下惊醒了大家,于是,同学们纷纷表态:"我们捐棉衣棉被!""我们捐药品!""我们捐首饰!""我们组织服务队上街为灾民服务!""我们号召全体市民行动起来!""我们向政府请愿,要求增加救济款!"甚至还有同学提出今年冬天不生炉子了,把取暖费省下来捐给灾民。听着同学们你一言我一语的讨论,吴贻芳露出了欣慰的笑容。

此后,金女大的同学纷纷为灾民捐款捐物,走上街头组织赈灾。尽管吴贻芳不赞同,但是同学们还是坚持冬天不生炉子,把取暖费也捐给了灾民。这一年南京的冬天,寒风刺骨,冷气逼人,许多同学把能盖在身上的被子全都盖上了,晚上还常常被冻醒。可是尽管如此,也没有一个学生有半句抱怨,因为她们明白,那些灾民比她们的处境要坏得多。在金女大的模范带头下,南京许多高校的学生也都行动起来,尽己所能为灾民服务,南京市民深受感染,纷纷效仿学生的善行,一时间,救济灾民成了南京市民引以为荣的事情。这年冬天,许多灾民得以安全过冬,开春后返回了家乡,他们牢牢记住了金女大师生的善行。

1932 坚持 艰苦的 1931 年刚刚过去,更为艰难的 1932 年就接踵而至了。年初,金女大刚刚开学不久,震惊中外的上海"一·二八"事变就发生了。以国民党 19 路军为代表的中国军队与日军在上海激战。一时间,江浙地区战云密布,人心惶惶,各种流言接踵而至。有人说,日军已经在吴淞口登陆了,有人说,无锡和苏州也出现了日本军队,更有甚者,说南京的下关江面也开来了日本军舰。这些流言很快就传到了金女大。不少同学因为深信南京即将沦陷,整日里无心上课,人心浮动。更为严重的是,一个学生的家长从苏州发来电报,以时局危难为由,要求她的女儿请假回家!这样一来,校园的气氛更为紧张,不少学生都想着要回家避一避。

吴贻芳了解了具体情况之后,决定召开全校学生大会。在会上,她详细地向学生们通报了具体的战况,语重心长地开导学生们说:"大家回想一下,几个月前大家还勇敢地到商店检查日货,参加抗日游行,高喊打倒日本帝国主义。可是现在呢,连敌人的影子都没有看到,你们就怕成这个样子,想赶快逃回家中。同学们,你们所谓的'爱国',难道就是喊几句口号吗?你们只想到自己逃命,把国家都忘了,你们的心中还有这个国家吗?你们不觉得羞愧吗?'爱国'不是挂在嘴上的,而是要付诸行动的呀!

再者说了,什么日军在吴淞口登陆了,什么在无锡苏州出现了,什么在下关出现了,有谁看到了?谁?你们都是大学生了,凡事应该好好动动脑子考虑一下!自从'九一八'以来,日本帝国主义就专门制造谣言,到处蛊惑人心,瓦解中国人的斗志。同学们,这个道理你们都想不明白吗?"吴贻芳一席话,说得同学们都低下了头。受到了吴校长的鞭策,同学们纷纷以更大的热情投入到了紧张而又有序的学习生活当中。

那些日子,金女大附近鼓楼医院的一些护士因为害怕战火蔓延到南京而丢下工作跑回老家避难。一时间,鼓楼医院医护人员紧缺,患者及家属苦不堪言,院方也很无奈。吴贻芳知道后,马上又鼓励金女大的学生到医院做一些力所能及的护理工作,为医院减轻压力。

"一·二八"事变发生以后,金女大有4位西方教师因为战事临近而离开了学校,也有人建议当年春季暂不开学,等待局势缓和。可是吴贻芳对战局有很清醒的认识,她在全面分析了当时的情况之后,认定战事不会扩大到上海以外,因此,她力主按时开学,不因外界紧张的局势而使教学中断。当时,很多人都为金女大捏着一把汗,如果日军突破上海,沿京浦铁路向西杀来,南京势必危在旦夕,就连一向沉稳的德本康夫人也有些沉不住气了。但是吴贻芳坚信自己的判断。结果,局势正如她所料,战事只限于上海地区,并未扩展至整个东南,南京安然无恙。虽然按时开学是个冒险的措施,但是事后无人不佩服吴贻芳精准的判断与过人的魄力。

1937西迁 7月7日,日军制造了卢沟桥事件。此后不久,蒋介石邀请国内知名人士上庐山共商国是,吴贻芳也在受邀之列。会上,吴贻芳和其他与会的爱国人士一道,强烈谴责日本帝国主义的侵略行径,要求政府积极抗战,并号召全国军民精诚团结,同仇敌忾。7月17日,蒋介石代表中国政府在庐山发表谈话,宣布对日抗战。

因为战事发生在北方,师生们一时感觉到战争离南京很遥远。因此,金女大的师生带着9月初能够按时开学的期待,分散到各地度暑假去了。吴贻芳本人也于7月下旬到牯岭和上海做短期休假。虽然看上去局势并不是很紧张,但是吴贻芳担忧如果战事扩大的话,会影响到学校的正常教学。8月13日,日军进攻上海,淞沪会战开始,战事逼近南京。从8月15日开始,日军飞机就开始轰炸南京。南京作为当时中国的首都,自然会成为日军的重要攻击目标,很多重要的机关、工厂、学校准备内迁。金女大不少教职员工和学生也陆续离开。整个南京城被战争的阴云笼罩。面对严重的局势,金女大成立了一个五人紧急委员会,讨论保护学校的应急措施,其中包括将贵重仪器和设备包装好,并储藏在学院大楼的地下室内;购买一批灭火器材,以备急需;把学校的档案转移到上海;等等。师生们几乎每天都要面对敌机的空袭。作为校长的吴贻芳,十分担心师生们的安全,她多次检查学校的防空设施,一再叮嘱师生们注意安全。

国民政府早在8月12日即下令南京市的学校延期至9月20日上课,8月30日教育部再次下达指示:继续推迟各校开学的时间,并要求学校把所有的学生送走。学校何去何从,成为吴贻芳不得不思考的问题。南京一旦沦陷,后果不堪设想。经过深思熟虑之后,吴贻芳最终决定迁校。经过校务委员会特别会议,金女大决定留下一部分行政人员成立驻校维持委员会,由华群女士任主任,程瑞芳、陈斐等任委员,负责保护校舍和设备用品。吴贻芳选择了三个师生比较集中而又便于与其他教会大学联系的地点,作为办学的中心,即武昌中心、上海中心和成都中心。

武昌中心与华中大学合作。这个中心有35个学生和张肖松、陈品芝、龙冠海、刘恩兰、陈中凡、苏德兰等教师。教师在华中大学任教,学生在华中大学选课。华中大学宿舍只能容纳部分师生,另一部分则在伦敦会寓所住宿。

上海中心主要与圣约翰大学及沪江大学合作。在上海授课的教师有蔡路得、克馥兰、陈黄丽明、朱谢文秋、胡惜苍等。此外,学生还在其他4所教会大学选课,也到中国科学院做实验。

成都中心与华西大学合作,师生人数最少。因为黎富思博士在华西避暑,战争爆发后,她留在华西协和大学生物系开展工作,形成了"金陵团体的中心",最初只有3个人。

安排好了具体的迁移方案,已是1937年的12月3日。日军已从两天前开始在地面对南京发起进攻,南京城内随处都能听到城外隆隆的炮火声。吴贻芳在办公室整理好自己的随身行李,准备带领师生离校登船西迁。在去码头的路上,空袭警报不断响起,金女大的大队人马走走躲躲、躲躲走走,好不容易来到下关码头。他们计划登上英商怡和公司的轮船,和南京博物院的文物一道去往尚未沦陷的汉口。师生们刚刚登上轮船,防空警报就再次响起。几架日机飞临长江。轮船赶紧启动,驶向一艘停靠在江中的英国军舰,才免遭轰炸。当时,岸上无数中国同胞四处奔逃,完全暴露在敌机的火力之下,到处火光冲天,血肉横飞。吴贻芳和师生们眼看着岸上的同胞惨遭屠杀,又气又恨,心如刀绞,很多人忍不住失声痛哭。警报解除后,轮船又返回下关码头,继续装运文物。这一天,在装完文物之前,警报一共响了七次,吴贻芳他们乘坐的轮船也只好在码头与军舰之间往返了七次,直到装完才离开南京。

吴贻芳晚年回忆起这天目睹的悲惨景象时曾说:"每一次听到警报,这只船就靠到停在江中的英国军舰旁边去。我目睹英帝国主义的私商船和军舰在我国的江河中畅行无阻,英帝国主义的军舰成了躲避日本帝国主义的凶焰的庇护所;而中国当时国民党政府的首都南京却缺乏防空设备,江边连掩体都没有,江岸上成百成千无法上船的中国人处于毫无保障的情况下,人丛中还堆着许多箱弹药,随时都可能遭到日机轰炸,令人触目惊心。这是我一生中最痛苦的经历……"是啊,中国人在自己的国

◎ 1937年11月20日,国民政府宣布移驻重庆,12月初政府军队为保卫南京与日军展开激烈战斗。12月13日,日军侵占南京。

土上,遭受敌机轰炸,却需要借助他国船只来避难,弱国无国防啊!

吴贻芳带领师生到达汉口之后,敏锐地感觉到,武汉三镇早晚会成为日军的重要攻击目标,武昌也并非久留之地。于是,吴贻芳果断地结束了金女大在武昌的一切校务,于1938年1月迁往成都。3月初,金女大校务委员会在成都召开会议,一致认为,国际国内形势在短时间内很难有好转,而金女大学生若是长期分几处上课的话,在人力财力、学校管理和学生的学习上,既不实际也不经济,特别是学生的精神训练更难做到一致。因此,吴贻芳决定将学生全部集中到成都办学,上海除留体育系之外,全部迁到成都。

3月28日,吴贻芳又去上海做安排。金女大在基督教女青年会全国协会租借了几间房子上课,学生除了上蔡路德、克馥香等金女大教师的课外,还到其他几所学校上选修课。吴贻芳来到上海后,要求金女大在上海的学生在以下方式中任选一种:一、随学校去成都;二、继续在上海借读;三、转学到上海其他大学学习。结果,有5名学生随6位教师去了成都;31人仍作为金女大的学生在上海几所教会大学借读,直至毕业;其余的学生转学到圣约翰大学。至此,金女大的上海办学也就宣告结束。同时,吴贻芳也通知尚留在武昌的金女大人员全部前往成都。到这一年的5月,除了留在南京的人员外,金女大的全体师生和部分教学设备都迁到了成都。在这段时间,吴贻芳到处奔波,含辛茹苦,使得学校平安地渡过了最危难、最艰苦的时期。

二　华西坝的岁月

华西坝是外界对华西大学所在地的称呼，位于成都南郊锦江岸，原是一片空旷低洼多滩之地。

协作办学　1938年1月抵达成都后，吴贻芳曾试图寻找合适的地点单独办学，并试行一种让学生在战争环境中能更好地为国家服务的教学方案，但是这一计划未能实行。个中原因正如吴贻芳晚年回忆的那样："我去成都后曾认真考虑在华西地区找一个半农村环境建校，试行一种使学生在战争环境中能更好地为国家服务的教学方案。可是，第一是在华西中小城镇中找不到适当校舍，又兼西迁后设备不足，不能独立办学；第二是课程若不按当时教育部颁布的执行，学生的学位将不为政府所承认，因此最后还是接受了华西大学的邀请，到成都华西坝办学……学生及女教职员工借住华西大学女子学院，办公处借华西大学万德门纪念楼。教职员13人，学生25人。"

金女大刚迁至华西坝时，办学条件非常艰苦。学生们借住在华西大学的学生宿舍，在女生院搭伙；教师们借住的是外籍教师的住宅；连上课的教室都是借用华西大的。实验设备更是简陋，仅有一个又小又黑的地下室作为临时实验室。但是，即使面

◎ 成都华西坝的钟楼

◎ 华西坝金女大女生宿舍内双层床

对这样艰苦的条件,吴贻芳也深感欣慰,至少,学生们又有了可以学习的地方,并且是在大后方,不必在沦陷区当亡国奴。

在教育部、四川省政府和华西大学的支持下,金女大在华西大学女生院旁边加拿大小学原址地基上建了一幢西式洋房做临时教学楼,又先后在华西牛场一角建立了音乐系琴房、临时宿舍和小型体育馆,并购置了一些教学设备。这样,金女大才有了基本的办学条件,开始了相对独立的、正常的教学工作。而作为校长的吴贻芳,在华西坝的办公和生活条件都极其简单,校务办公室只有两小间,一间 15 平方米,有秘书三人,训导一人,教务四人;一间 7 平方米,是吴贻芳的办公室,只有一桌一椅一个书架。曾有教职工和学生提议改善校长的办公条件,但吴贻芳每次都婉言拒之。食宿方面,吴贻芳住在最一般的宿舍,吃在学生食堂。她唯一的"奢侈品"就是外出坐一辆黄包车(后来是三轮车)。因为她是放大的小脚,走路不是很方便,需要这样最简单的交通工具。作为一校之长,她艰苦朴素的模范行为对师生是一种无声的激励。

在吴贻芳和全体教职员工的努力下,迁到华西坝的金女大不但教学上趋于正常,还在1938年9月9日招收了新生。由于是在战争状态下,报名上学的学生并不多。1938级最终毕业的学生只有27人。但是,从当时的办学环境来看,这样的结果已实属不易了。由于教育部考虑到战时的困难,要求各大学加强本科教育的专业性。金女大取消了辅修学系,将主修学分分为公共必修课、主系必修课和主系选修科目三类。除了独立开设专业和组织课程教学外,还与当时在华西办学的其他大学开展合作办学。当时迁至华西坝办学的还有金陵大学、齐鲁大学和中央大学医学院,1942年燕京大学也迁至华西坝复校开学,再加上原先在此的华西大学,一时间六所名校,数千名师生共聚一

◎ 金陵女子大学在成都华西坝校舍

地。当时西迁的学校大多教学设备短缺,师资不足,为了能够更好地进行教学,六所学校实行了协作办学。校际间还建立了定期的联席会议制度。由于学生较多,基础课主要由各校自己开设,其他课程学生可跨校选课,互认学分,这种因环境和条件所迫而形成的合作办学,促进了各校的交流,提高了学生培养的质量。

"五大学学生战时服务团" 1938年,金女大学生周曼如、张滢华、张素芳等与其他几所学校的进步学生,成立了"五大学学生战时服务团",开展各类抗日救亡活动。他们为支援前线抗日将士开展募捐,举行义卖、义演,宣传抗日;组织歌咏大队大唱进步歌曲;邀请爱国名人进校演讲;出版宣传抗战的小报等等。抗日救亡活动搞得有声有色。

◎ 金女大在成都华西大学内第二女生宿舍

当时,华西坝各校领导人对于学生开展抗日救亡活动的态度是不同的。有的学校限制学生参加,强调读好书是学生的唯一职责。而在金女大,学生们明显感觉到校长吴贻芳是和他们站在一起的。吴贻芳对于学生们的抗日救亡活动,总是表现出支持的态度,如谅解学生因参加活动而迟归;对学生排练抗日宣传剧,不加限制;对学生为抗日而举行的义卖活动表示理解和支持，等等。因此，华西坝的各个大学中，金女大的爱国活动组织得最有生气，影响也最大。

武汉沦陷后，日军以武汉为基地，开始对大后方的重庆、成都和一些其他重要城市进行密集轰炸。当时，包括成都在内的很多城市没有足够的供平民使用的防空设备，普通百姓也缺乏防空常识，日军的空袭给百姓带来了巨大的灾难。"五大学学生战时服务团"根据这一情况，迅速作出反应，他们将该服务团的主要活动，由宣传动员抗日转向组织空袭救护。1939年5月，华西坝成立了五大学空袭救护队，除了战时服务团的成员外，许多非成员也主动加入了救护队，金女大的学生在校长吴贻芳的支持和鼓励下，更是积极主动，她们甚至成立了一支空袭救护分队，在历次空袭救护中表现出色，为学校赢得了极好的声誉。

有一次在校园内，吴校长正和孔宝定在一起，她让一位教师试开电灯，电灯未亮表明敌机已入市区，校长让大家迅速卧倒，刹那间地动天摇，周围一片漆黑，炸弹被投入校园。其中有一颗正好扔在华西大学图书馆大门前左侧的草地上，正好在学生宿舍附近，但未爆炸，不然大家早就被炸死了。在这样危急的情况下，吴校长不顾个人安危，马上组织学生们和国际救护队一起抢救伤员。

当年6月11日傍晚，日军出动数十架飞机飞临成都上空轰炸。许多建筑物被炸毁，成都城内火光冲天，市民伤亡惨重，撕心裂肺的哭喊声不绝于耳。五大学空袭救护队的队员们不顾个人安危，不等空袭警报解除就冒着生命危险抢救伤员。大家在

◎ 1942年8月,成都华西坝五大学学生战时服务团,向冯玉祥将军献旗。

成都城内到处寻找需要救助的伤员。他们把伤员抬到华西大学的礼堂、办公楼等处,配合医学院的师生进行抢救。还有不少学生在校外配合民间组织,帮助遇难者家属收拾尸体,安慰伤亡者家属。可以说,在那个恐怖的夜晚,哪里有需要,哪里就有这群可爱的学生的身影。

吴贻芳也在此时来到华西大学办公楼,她来探望辛苦工作的学生们并和他们一道救治伤员。大家看到吴贻芳,纷纷鞠躬行礼。吴贻芳顾不得和大家寒暄,马上从一位学生手中拿过纱布,帮一位正躺在地板上呻吟的伤员包扎伤口。当这位伤员得知,面前这位衣着简朴的女士就是著名的吴贻芳校长时,不禁激动地泪流满面。同学们心疼校长,劝她早点回去休息,这里的一切请她放心。可是吴贻芳坚持要和大家在一起。等所有的伤员都被安顿好,已经是后半夜了。吴贻芳白天工作了一整天,加上空袭后的救助工作,她腰酸背痛,眼睛通红,还着了凉。在同学们的一再劝说下,她才勉强同意回去休息。走之前,她还一再嘱咐留下值夜班的同学们要注意安全和身体健康,并一再劝同学们轮流回校加餐,但是同学们在她的感召下,没有人离开。

1939年,由于害怕受到学生救亡运动的牵连,华西坝地方行政当局开始公开限制学生们的爱国活动,尤其是战时服务团的各项活动。学生们感到很气愤,于是,华西坝的各大学纷纷派出学生代表为争取学生进行爱国活动的权利与当局交涉,甚至有些学校还组织了抗议游行。但是,学生们的合理要求一直没有得到当局的同意。金女大的不少学生代表气不过,找到吴贻芳说理,希望吴贻芳能出面斡旋,劝说当局不要干涉学生的爱国行动。吴贻芳对学生的爱国行为很是理解,但是她心中又充满了矛盾。她认为,学生的天职是学习,而不是搞爱国活动。但是,她也深深地理解这些学生的心,满耳是大众的嗟伤,一天天国土的沦丧,就连华西坝的临时学校也要经常受敌机侵扰,每天都有不幸的消息传来,让这些正值青春年华、血气方刚的孩子们怎能完全安心地读圣贤书?怎能对紧张的时局熟视无睹?在这一年的双十节纪念典礼中,吴贻芳于演讲中提醒学生在念及为他人做牺牲外,当思及个人对国家曾付何种代价,并具体提出三点:一,在大时代中,各人皆有极大之使命,吾人对此使命要有痛切之认识。二,要"拿炭烧口",要亲自进入火中,由火与血之经验中,再生出热烈情绪,除去苟且偷安之恶习。三,当国家民族需要服务时,吾人能有"我在这里,来差遣我"之态度否。处在民族危机深重、战乱动荡的岁月里,作为一个爱国者,吴贻芳有着国家稳定强盛的强烈愿望。因此,她对学生的爱国运动始终持理解和支持的态度。

这一年的暑假,战时服务团的成员们想利用假日去外地农村进行抗日宣传。对此,华西坝当局又进行多方阻拦。他们先是不准打"五大学学生战时服务团"的旗子,后来,同学们提出的"五大学学生暑假服务团"的名义,也未获同意。不少同学气愤至极。吴贻芳得知此事后,也深深地为学生们感到不平。她灵机一动,为同学们想出了好主意。她对同学们说:我身为金女大的校长,对你们利用暑假时间下乡宣传抗日表示赞同和支持。但是,我只能同意金女大下乡宣传,我不能代表其他的几所大学。说完,她会心地朝着在场的所有学生笑了笑。聪明的同学们当即就明白了,吴贻芳校长是完全支持他们的行为的。吴贻芳公开支持学生爱国行动的消息不胫而走,而吴贻芳校长的态度也影响了其他几所大学的领导。随着金女大的学生下乡宣传,其他学校的校方也就没有阻止各自学校学生的爱国行动,而是采取了默认的态度,华西坝当局见状,也就不再阻拦。于是,这年暑假,学生战时服务团公开奔赴各地农村进行抗日救亡宣传。出发时扛的团旗上面竟有 21 个大字:"华西坝华大齐大金大金女大中大暑假乡村服务团",活动中又分成五个小队,凡是参加这次活动的学生,都称赞吴贻芳校长的爱国之心和智慧。

社会抗日救亡活动 随着抗战的深入,中国妇女成立了"中国妇女慰劳自卫抗战将士总会",宋美龄任主任委员,唐国桢任总干事,在妇女界和教育界有崇高威望的吴贻芳任执行委员。不久,宋美龄在庐山举行妇女领袖会议,商讨抗战时的中国妇女工作,吴贻芳和邓颖超、刘清扬、沈慧莲、刘蘅静、唐国桢、沈兹九、曹孟启、张蔼真等妇女界名人一道参会。会上,代表们经过多次讨论,认为在抗战的非常时期,中国妇女的抗日工作,应该有一个总的临时机构,由它来计划安排所有工作。因此,会议建议将由宋美龄任指导长的"新生活运动妇女指导委员会"进行扩大改组,负责领导各项具体工作。改组后的"新生活运动妇女指导委员会"由宋美龄的英文秘书张蔼真女士任总干事,吴贻芳任执行委员。这个组织是大后方妇女界的统一战线组织,为推动战时妇女团结抗日发挥了巨大作用。吴贻芳因其巨大的人格魅力和良好的交际能力,为该组织的运作做出了巨大贡献,她时常以执行委员的身份,参加各种由中国妇女组织的抗日活动。

何香凝、邓颖超等国内知名人士发起成立了"战时儿童保育会",吴贻芳也出任了常务理事。保育会负责收容遭受战火灾难、失去亲人无家可归的儿童,吴贻芳做了大量工作。

◎ 1939年宋美龄看望慰问在成都的金女大师生

1939年10月，吴贻芳专门为师生作了《如何振作精神》的演讲，要求人们坚持抗战必胜的信念，认识精神的力量，尤其强调用实际表现，在实际工作中得到清楚的认识，进而振作精神。她用大量事实说明，为了达到抗战胜利的目的，精神力量的增加很重要，但是最为重要的还是实际表现。因此她号召同学们用自己的具体行动来支援抗日，有钱出钱，有力出力，承担起作为一个中国国民的职责。她还要求学生自立自强，告诫学生们无论是在学习上还是在品格上，都要以自立为准则，在战争的环境下，生活要力求简朴，课外当多阅读报纸杂志，多得政治知识，使自己更有眼光。会后，她带头捐款为前方战士制寒衣。在那艰苦的岁月里，吴贻芳用自己强大的精神力量，鼓舞了整整一代华西坝的学子，使她们更有勇气面对现实和人生的困境。会后共募捐到学生捐款119元，教职员工捐款326元，加上9月结余，合并捐给前线战士做寒衣。

1940年6月，吴贻芳在 The Chinese Recorder 发表文章 Woman In The War。

1940年11月，金女大在成都举行校庆，一些教师和毕业班的同学在一起演出了名为《校史》的话剧。舞台上没有道具，但是演员的态度都极为认真。早期绣花巷金女大的大门有一尺多高的门槛，但舞台上的"门"是虚拟的，入校、毕业时跨进、跨出"门槛"动作要按照京剧的程式办，先抬腿，再跨步。作为1915年至1919年金女大的第一届毕业生，吴贻芳自己扮演自己。演完以后，吴贻芳挽着一位外籍教师和其他演员一起走向台下，忘了像别人那样抬腿跨"门槛"。同学们看到这里，大笑起来。吴贻芳问明白了笑的原因后，立刻重新上台，郑重地抬起腿，跨出"门槛"……这虽然是一件小事，但校长当众纠正失误，却给全体师生，尤其是新生，留下了极深的印象——干什么都要一丝不苟！

1940年12月底，原计划在中国杭州召开的国际基督教协进会十年大会，由于战事，改在印度的马德拉斯举行。作为中华基督教协进会执行主席、中国基督教教育委员会主席的吴贻芳，率中国代表团参加了大会。吴贻芳在会上揭露了日本帝国主义企图灭亡中国的野心，列举了日本侵略者在华的种种滔天罪行，介绍了中国人民的抗战，强烈呼吁国际社会支持和声援中国人民的抗战，并号召全世界基督教徒团结起来，共同抵制战争。吴贻芳的发言，博得与会者的广泛同情和支持，人们通过她的发言认识了一个全新的中国，一个面对强敌毫不畏惧、抗争到底的中国，也使与会者认识了她这么一位为自己祖国的前途命运奔走呼叫的女基督教徒。

一次，吴校长在宋美龄家看到很多精细的瓷器，即说起学生现在连粗碗都缺乏。1940年的一天，宋氏三姐妹来到学校，由吴校长陪同参观学校环境设施并了解学生生活学习的情况。宋氏姐妹很关心流亡的学生，送给金女大每个学生一只碗。在这艰苦卓绝的流亡时期，一只小小的碗承载的是"有我的，就有你的"这种同舟共济的信心和关怀，有着大家"共患难，共奋斗"的意思。

景荷荪入学　在同全校师生合影后，吴校长抓住机会特意将一位破格录取的景荷荪同学介绍给宋氏姐妹。并转向全体同学说："为抗战，景荷荪失去了亲人，也是为了抗战，她要继续完成学业，把孩子抚养教育成人。人人都有景荷荪这种坚忍不拔

◎ 1940年，吴贻芳陪同宋庆龄、宋霭龄、宋美龄三姐妹视察金女大。

的精神，抗战就一定能够胜利！"景荷荪是1937级学生，在南京入学后，因结婚辍学。她丈夫是国民党军官，在日寇侵占南京时，作战牺牲。随后，景荷荪带着不满周岁的女儿，辗转入川，来到华西坝金女大，准备继续求学。当时金女大校规是：不招收已婚学生，在校学生不能结婚，学生结婚后就不能再留校就读了。可是，出乎意料的是：吴校长欣然同意景荷荪复读，并跟同学们说：景荷荪的丈夫为国捐躯，她是烈士的亲属，她的小女儿是烈士遗孤，我们每个人都有关心照顾她们母女的责任，我们应该帮助景荷荪完成学业，并帮助她把孩子抚养教育成人。景荷荪复学后，吴校长常问她经济上有无困难，孩子安排得是否妥当，并表示，有什么问题，尽管提出来，学校一定尽力帮助解决。就这样，景荷荪摒除内心痛楚，勤奋学习，取得了好成绩，并积极参加抗日救亡活动。

三 参政会女主席

1938年7月6日,第一届国民参政会召开。大会根据国民参政会组织条例第三条丁项,遴选吴贻芳担任了参政员。在这次会议中,另一个女代表邓颖超的讲话给吴贻芳留下了深刻的印象。邓颖超说,女参政员虽然只有百分之五,但却开创了我国妇女参政的新纪录。听了这句话吴贻芳不禁感慨:是啊,中国女性自古就没有参政权,虽然现在是民国,可是妇女的地位依然亟待提高。此次国民参政会,女代表很大程度上只有象征意义,但是,这的确给中国妇女的地位提高带来了新希望。会上,吴贻芳、史良、邓颖超等还提出临时动议:为纪念"七七"抗战一周年,全体参政员一律献金。这项提议获得通过。在会议闭幕式上,副议长张伯苓先生请女参政员代表吴贻芳致词。吴贻芳目光坚定、步伐稳健地走向讲坛。她在演讲中强调说,要在抗战中养成民主习惯,团结一致,使民族永久生存,国运日臻强盛。并一再强调抗战必胜。吴贻芳的这次演讲,给各位参政员留下了深刻的印象,大家纷纷盛赞这位风度不凡、目光长远、胸怀天下、措辞得当的女参政员。

1941年3月1日,第二届国民参政会第一次会议在重庆开幕,此时正值"皖南事变"发生,因此,这一届国民参政会从开始气氛就很紧张。因为国共两党对"皖南事变"的处理没有达成一致意见,因此中共参政员没有出席这次大会。这次会议作出决定,从此次大会开始,国民参政会实行主席团制,并选举出第一任主席团成员,即五人主席团,吴贻芳和蒋介石、张伯苓、左舜生、张君劢一道当选为五人主席团之一。

吴贻芳作为当时的著名教育家、社会活动家、基督教领袖,她的名字早已为世人所熟知,没有人怀疑她在上述领域的能力和成就。但是,一位中国妇女在旧时代能担任参政会主席团五位主席之一,实属罕见,很多人对吴贻芳这样一位弱女子是否能很好地履行主席的政治义务持怀疑态度。当时中国的情景相当不容乐观:对日战事吃紧,很多外国评论家都对中国的抗战胜利持否定态度;而在国内,各种政治力量意见不一,即使是在外敌入侵的前提下也很难团结一致。国民参政会是各种政治力量角逐的大舞台,主席团主席的任务之一就是协调各政治派别的关系,使得参政会能很好地进行下去。但是,想要做到很好地协调各政治派别的关系谈何容易,就连最高领导人蒋介石也常常对各种政治力量的分歧无可奈何。每次重大政治会议上,各个派别相互辩论、攻击甚至辱骂也时有发生,经常不欢而散,不少提案和建议最终也不了了之。因此,吴贻芳当选主席之后,很多关心她的人都为她捏着一把汗:这可是个苦差事啊!但是,吴贻芳用自己独有的魅力使得世人对这位女主席刮目相看。

每次参政会开会时,吴贻芳总是身着淡雅的旗袍,端正地坐在主席台正中,目光柔和而又不失坚定地注视着众位代表。每当会议因为不同政见者的争吵而陷入混乱甚至不得不中止时,吴贻芳总能积极地出面调停。她用那极富条理性的语言,将大家引导到关键议题的讨论上,并努力劝说各方保持风度和克制。在吴贻芳的主持下,大会总能在断断续续的争吵中恢复到正常的秩序。再加上吴贻芳的无党派身份,处理问题总能不偏不倚且恰到好处,因此,在参政会上看到过吴贻芳的人无不佩服她的能力和魅力。一时间,"女参政会主席吴贻芳"成为中国当时新闻媒体中的热门话题,甚至普通百姓也认为吴贻芳是女性的杰出代表,中国女性的骄傲。进步女青年们从吴贻芳身上看到了中国妇女的希望,纷纷以吴贻芳为榜样。

1942年10月,吴贻芳当选第三届国民参政会主席团主席。1945年7月,吴贻芳继续当选为第四届国民参政会主席团主席。

著名作家冰心青年时期曾是北京协和女子大学理预科的学

◎ 1946年12月"国大"期间,宋美龄和女代表的合影。前排右起第六人为吴贻芳,第七人为宋美龄。

生。1919年的一天,吴贻芳来到北京协和女子大学大礼堂演讲。当时还是学生的冰心,坐在台下第一排。冰心看到吴贻芳身着雅淡而称身的衣裙,从容地走上讲台,讲话时条理清晰,声音明朗,态度端凝和蔼,顿时感觉,在学校的讲台上,她还从未遇见过这么杰出的演讲者。从那时起,冰心的心里就铭刻上这么一位女教育家的可敬可爱的形象。冰心时常勉励自己,要以这形象为楷模。1941年以后,在重庆的国民参政会上,冰心和吴贻芳见面的机会多了,当时吴贻芳是参政主席团主席之一,冰心是参政员,她最喜欢参加吴贻芳主持的会议。在会员们的发言辩论之中,吴贻芳从容地指点谁先谁后,对于每位会员的姓名和背景她似乎都十分了解。那时坐在冰心旁边的董必武,常常低低地对冰心说:"像这样精干的主席,男子中也是少有的!"冰心听了,对女性的自豪感油然而生。

石西民回忆说:"作为一个中共党报的记者,我有较多的机会接触国民党的党政要人和社会名流。吴贻芳先生是国民党参政会的一个成员,在会场上她风度翩翩,语言平实,仪态庄重而又灵活,没有旧中国某些知识分子中常见的那种'迂',也看不到旧中国留学生中有些人的那种'浮',给人以办事干练、作风踏实的印象,有时候她担任会议的执行主席,对会议民主那一套工作程序,运用得非常纯熟,处理起提案来也头头是道。而进退答对,朴实无华,没有旧社会政客的那种油滑习气,这些都给我留下了良好的印象。"[①]

[①] 《吴贻芳纪念集》,江苏教育出版社,1987年版,第141页。

| (四) | 《金陵自传》 |

1941年太平洋战争爆发,美国和日本已经开战。1942年6月21日,日军抢占南京金陵校园,金女大校舍被日军强占为南京日军防卫司令部,留守校园的中外教职员或是失去自由,或是被逐出校外。成都的同学们闻之义愤填膺。南京的校园没有了,此刻,如何把金陵精神保持下去就成了首要之务。因此,吴贻芳决定,校庆日以宣扬金陵精神为中心,激发同学们爱国爱校、独立自强的精神。到了校庆日,庆祝游艺会演出了《金陵自传》。《金陵自传》有开卷语和序。此话剧请出同学们心目中有威信的校长、师生及同学代表上台,以书卷展开的缓缓节奏,以朗诵剧的艺术形式,以拟人的寓言方法,将母校比作一位姓金的女士,以她的口吻叙述她的成长经历。四位演员,接力表演了1910年代、1920年代、1930年代以及1940年代金陵女儿的精神面貌,生动而具体地概括叙述了金女大发展的四个阶段。话剧的"文本"部分,由三位教师和一位学生担当朗诵。吴贻芳校长叙述"金女士"发展的"儿童时期",她那时是学生,对早期学校办学方针最有体会。她叙述了金女大"幼年"的特点:福气好、灾难多、志气大、目光远。第二章为少女时期,反映学校生活及其影

响,体现她的坚强刚毅的性格。刘恩兰是中国第一位地理学博士,经常带领五大学学生徒步进山,考察地貌,千里探矿,威信很高,由她朗诵"少女时期及学校生活之影响",再恰当不过。第三章为成年时期,已长大的知识丰富、精明能干的女儿成为社会家庭的中坚分子。吕锦瑗女士被选出表演金女大"成年时期",她已有三个孩子,坚持教学与科研,在华西大学任教,也对五大学开设摄影化学课。第四章为"未来的展望",金女大毕业生中的科学家、文学家、艺术家足迹走遍世界。由一位即将毕业的同学朗诵。最后的尾声中,祝颂金女大寿比南山,福如东海,万寿无疆。[①]

在日寇轰炸最为嚣张,不知何年何月才能结束战争的日子里,各级同学独出心裁,以浪漫主义的想象和乐观的心态,表演复校回南京时工作忙碌、热闹、欢快之情形。整场演出无论是演员还是观众,都情绪激昂,尤其是同学们所敬爱的吴校长能和大家出演一台节目,更使大家精神振奋,心情激动。台上台下,气氛热烈,高潮迭起。

[①] 孙建秋编著,《金陵女人(1915—1951)金陵女儿图片故事》,广西师范大学出版社,2010年版,第100页。

五 "六人教授团"赴美宣传抗战

1943年3月6日,吴贻芳与晏阳初、桂质廷、吴景超、李卓敏、陈源组成"六人教授团"前往美国。六位教授是利用他们在国内外的声誉,以国民资格去美国宣传中国抗战,敦促美国开辟第二战场,加速日本侵略军的灭亡。在美国期间,"六人教授团"去了许多城市。每到一处,吴贻芳和其他五人都发表演讲,介绍中国抗战的情况,博得了美国朝野的广泛同情与支持。除了集体活动以外,吴贻芳还应邀出席了美国长老会全国大会、圣公会妇女部大会,还列席了其他一些重要会议。

美国基督教联合会为了表示对吴贻芳的特别欢迎,专门召集了临时特别会议,邀请吴贻芳作了专门演讲。吴贻芳介绍了抗战中的中国妇女和抗战中的金女大。由于有深切的体会,她讲得情真意切,扣人心弦,使听众深受感动。她们从吴贻芳的讲话中了解到了日本侵略军给中国人民,尤其是中国妇女带来的深重灾难,同时她们也从吴贻芳身上,看到了中国人民抵抗侵略者,恢复和建设自己家园的意志和决心。

5月,吴贻芳在美国接受了史密斯学院荣誉法学博士称号。

6月14日是联合国纪念日,全世界32个联合成员国在华盛顿宪政大厅举行热烈的庆祝会,吴贻芳在庆祝会上发表演说。

　　1944年3月1日,吴贻芳结束为期数月的访美宣传活动后,回到金女大。受到金女大全体师生的热烈欢迎。清晨,全校师生在晓露未干的草坪上列队,满怀激情地唱着:"听钟声铛铛,姊妹聚一堂,大家同声歌唱……欢迎吴校长,远渡大西洋,为国为民争光……"在欢迎会上,吴贻芳发表了热情洋溢的讲话,畅谈了美国人民对中国人民抗战的支持。她的讲话,不断被掌声打断,极大地振奋了金女大师生们的精神。在此后一个多月中,吴贻芳不断被邀请到各处演讲,前后达二十多次。

◎ 吴贻芳访美归来,全校师生夹道高歌欢迎。

六　"万家生佛"华群

明妮·魏特琳(Minnie Vantrin 1886—1941),中国名华群,美国传教士。1886年9月27日出生在美国伊利诺伊州的西科尔小镇。1917年考取伊利诺伊州大学师范专业,毕业后在LeRoy(伊利诺伊州)中学开始教学生涯。1912年,她初到中国安徽,见女子多不识字,便矢志推动中国女子教育,创办了合肥三育女子中学。1919年华群应聘金陵女子大学,任教育系主任兼教务主任,并且辅佐校长。她有着丰富的教学管理经验,在安排教务、革新教学方面很有心得,很快成为校长德本康夫人的左右手。华群鼓励学生走出象牙塔,献身社会,为穷苦四邻服务,发扬光大了金女大校训——厚生精神。

1937年,日军攻占南京后,华群女士尽自己最大的努力保护学校和附近的难民。她早在当年的11月17日就致信美国驻华使馆,建议建立安全区,赶在日军攻入南京之前,预先为那些无法避

◎ 华群女士与学生孙谨(前一)、鲁淑英(右一)、陆慎仪(右后)、陈德贞(后中)、谢文秋(左后)合影。

难的贫苦妇女、儿童以及其他市民设立一个较为安全的场所。经过多方协调,12月1日,南京安全区国际委员会主席拉贝先生在北平路中英文化协会举行的记者招待会上宣布,安全区正式成立,金女大就在这个安全区之内。华群和其他的驻校维持委员会成员于12月1日就组建治安小组,为难民服务。12月8日起,金女大南京校区就开始接收难民。尽管华群等留守人士尽全力保护难民,但是野蛮的日军还是时常闯入校园,强奸和带走妇女,华群还因为阻拦而遭到日本士兵殴打。

◎ 1937年金女大留守委员会主要成员:魏特琳(中)、程瑞芳(右)、陈斐然(左)。

12月18日华群来到日本使馆,反映了日本士兵连日来骚扰金女大的情况,并要求使馆官员写一封可以随时带在身上的信,以便用它将闯入校园的日军赶走。在华群的要求下,日本使馆同意在学校门口贴上日本官方的告示,以阻止日军进校。她还通过外交渠道迫使日本方面每天来25名宪兵守夜。华群每天像卫兵一样守卫在学校门前,在校园四处不断巡逻,去对付闯入校园的一批又一批日本兵。尽管她的力量是微弱的,但是她仍然靠一己之力奋力收留保护了一万多妇孺难民。华群被南京市民称为"万家生佛"。

◎ 大批难民涌入南京国际安全区

为了给苦难中的难民带来心灵的寄托,并且使自己有更充足的理由收容难民,华群还开办了布道会、暑期培训班、手工学校、家政学校、试验女子学校。在巨大精神压力和繁重的体力劳动下,1940年,华群患上了严重的精神抑郁症,并于当年5月14

◎ 1938年金女大陶谷校园为难民办起女子实验中学

◎ 难民在金女大校园内的留影

日离开南京回国接受治疗。1941年5月14日,即华群离开南京一周年之时,华群想起了一年前离开南京的情景,突然情绪激动,在写了一封不连贯的遗书之后在厨房打开煤气开关自杀了。一位善良的大学教师,爱好和平的基督徒,一位中国人民真正的朋友,就这样在为中国人民服务了 20 多年后,以悲情的方式结束了自己伟大的一生。

噩耗从大西洋彼岸传到成都,如同晴天霹雳一般,吴贻芳和其他教职员工以及学生都痛不欲生,大家为失去这么一位好同事、好老师、好教友、好朋友而悲痛。吴贻芳号召师生们以华群老师为榜样,好好学习,努力为世人奉献,更好地实践"厚生"的校训。1941 年 5 月 18 日下午,在美国密歇根州雪柏得镇,人们为华群举行了葬礼,同时,在成都的金女大分校,在吴贻芳的主持下,全体师生为华群举行了隆重的悼念仪式。6 月 10 日,民国政府也特地颁布国民政府令,褒扬华群在中国的卓著功绩。

◎ 1941 年魏特琳因病去世后,她的家乡为她修建一个墓碑,碑上记录她在中国二十八年,对金女大深深的眷恋。她期盼:金陵永生。

1946 年 11 月 10 日下午 3 时许,金女大隆重举行了一场纪念华群教授的追思会,这是金女大在迁回校本部后举行的第一场纪念活动。吴贻芳作了《华群教授事略》的演讲:"华群教授离开本校已经六年半了,她的去世,也已经五年半了,然而我们还觉得像昨天的事情,这是因为她那伟大的人格,永远留在人们的心里的关系。华教授于公元1886年生于美国伊利诺伊州，髫龄就学颖悟过人。卒业于该州大学，得文学士学位，后进芝加哥及哥伦比亚研究院，获硕士学位。至欧洲考察时，对丹麦的民众教训，极感兴趣。闻我国教育不发达，遂决计来华服务，亲友虽多方劝阻，终不为动摇。民国元年，华教授初到我国，任安徽合肥三育女中校长，很有成绩。民国八年的秋天华教授来本校任教育系主任兼教务主任，精心擘划，建树很多。对教学方面，倘遇到困难，竟会废寝忘食的去想法解决，她视学生的成败是自己的事，所以对学生，既同父母，又不啻严父。她主张大学卒业生要在中小学服务的，必须学习教育原理，教育学，心理学和实习教学等科目，因此，设立附属实验中学，躬亲指导，成绩卓著。华群教授体格魁梧，容貌庄严；对人时露笑容，以此高贵而和蔼可亲。至待贫儿寡妇，更是谦卑柔和，所以不仅本校师生乐于亲近，就是附近邻居，也都喜欢和华教授往还。更有一点，她酷爱自然，常在课余，植树种菊，对菊花的爱好，不亚于五柳先生。每至深秋，辄陈菊数百盆，公开展览，与爱好之人，共同欣赏。'助人为快乐之本'这句话在华教授似乎特别认识清楚，她担负教务、课务、附中等等责任，可以说一天忙到晚；但偶尔有一时或一刻的空闲，便立即利用它为附近邻居服务。设有乐群社——又称社会中心馆，懿范家政学校等，使附近贫困妇孺沾到相当的实惠，所以附近的人，没有一个不认识华群教授，也没有一个不说华教授好的。

当民国二十六年的冬天，敌人一天天地进逼首都，政府为避凶险起见，决定迁到重庆；同时令本校也迁到后方安全区域办理。时情势非常严重,大家都怀西迁之意;独华教授毅然愿为本校留守,此种'见义勇为,见危授命'的精神,殊足令人感佩。在敌军进城前,不及和不能西迁的妇孺,惶惶不可终日,华教授为拯救起见,立将本校改为战时收容所,专门收容妇孺。日军纪律很坏,加以敌将要在南京实行其大屠杀,所以罪恶行为,罄竹难书。见华教授收容我妇孺,保护我妇孺,心中非常衔恨,曾批华教授的颧颊以泄愤;然万余妇孺竟靠了她不顾生命的维持,终得到了安全,所以一般人都喊她是'活佛'。后来首都的秩序渐渐

◎ 1938年春难民收容所完成任务后,全体成员摄影留念。第二排左六为魏特琳

好转,收容所的妇孺,也可以回家了,然而有许多人已无家可归了,遂又设职业班,授以生活技能,使能自谋生活;更设补习班,使年幼失学的得受教育。此种救人的精神,古今中外实在少见少有的。然而华教授也心力交瘁,神经衰弱,无法支持,终于病倒了。经好友再三敦劝,始于民国二十九年五月,返美治疗,卒

以病入膏肓,康复乏术,延至翌年五月十四日竟与世长辞了。伤哉!华教授在临终前,犹云:'余有两个生命,仍愿为华人服务。'此称爱吾华人之心何等深切!而牺牲自己,为异国人服务,其人格何等伟大!当噩耗传来,闻者莫不震悼;就是中枢方面也轸惜良深,在是年六月十日由国民政府明令褒扬,赞其舍己为人的精神,使我国的人,有所取法。孔子说:'杀身成仁',孟子说:'舍生取义',这种成仁取义的事情,华教授早做到了,所以她的精神生命是永远存在的,人们也永远不会忘记她的。耶稣说:'信我者,虽然死了,也必活着。'这话好像为华教授说的。"

由于华群在金女大师生中影响很大,因此,几乎每年金女大都要举行一些活动来纪念她。1947年5月华群逝世6周年的日子,吴贻芳又在金女大里主持了一场纪念报告会。吴贻芳在讲话中特别强调了华群的人格精神,她说:"复员以来,百瑞待理,缅怀前修,益增劳念。溯贻芳于民国十七年秋继长校务,时德前校长既返国休假,而女士亦辞教导主任,仅任课程委员会主席,然对学校一切计划,仍悉心借著代等,既不居名,又不强人采用,贻芳得其襄助至夥,对其人格,尤为钦佩。盖女士深得基督之博爱精神,待人接物,无不具有爱心,故能舍己为群,乐善不倦,其感人之深,如铭入心脾,永远不能使人忘记。"[①]

为了更好地纪念华群女士,使她的精神发扬光大,在吴贻芳的倡导下,32位社会贤达发起募建一座纪念堂,并充附中校舍,以此来纪念华群女士。只可惜后来由于内战,纪念堂未能如愿

---

① 《吴贻芳纪念集》,江苏教育出版社,1987年版,第53页。

建立起来。2002 年 12 月 12 日,由美国旧金山抗日战争史实维护会、日本旅日华侨中日友好促进会林伯耀、金陵女子学院、金女大校友会,南京师范大学南京大屠杀研究中心等募建,南京艺术学院李广玉教授创作的"金陵永生"明妮·魏特琳铜像在南京师范大学随园校区(原金女大校园)内揭幕,供人们永久瞻仰。

◎ 明妮·魏特琳铜像

七　联合国制宪会议的中国女代表

1944 年年底,曾经横扫了大半个中国的日军在贵州独山遭遇了最后的打击,抗日战争进入尾声。同年 6 月,以美国为主的盟军部队在法国诺曼底登陆,为开辟欧洲的第二战场奠定了基础,对加速法西斯德国的崩溃以及战后欧洲局势,起了重要作用。世界反法西斯战争胜利在即!1945 年,在克里米亚举行了著名的"雅尔塔"会议,美、英、苏三大国首脑罗斯福、丘吉尔、斯大林和三国的外交部长参加了会议。会议签订了《雅尔塔协议》,规定苏联在德国投降、欧洲战争结束后两个月或三个月后参加对日作战,并决定于当年的 4 月 25 日在美国的旧金山召开联合国大会。

中国作为反法西斯战争中的重要一员,也成为这次盛况空前的历史性会议的参会国。1945 年 3 月,国民政府行政院发表了中国出席旧金山联合国制宪会议代表团的名单。外交部长宋子文为首席代表,施肇基为高等顾问,吴贻芳作为无党派人士,和顾维钧、王宠惠、魏道明、李璜、张君劢、董必武、胡适、胡霖等八人一道,当选为正式代表。

◎ 吴贻芳是中国代表团及工作人员中唯一的女性

消息传到华西坝的金女大,校园里沸腾了！大家都为吴贻芳校长能代表中国参加这么重要国际性会议而感到无比的骄傲和自豪。在整个中国代表团中,吴贻芳校长是唯一的女性。

赴美前夕,重庆的妇女界在外加协会礼堂隆重集会,欢送吴贻芳。在大会主持人的热情邀请下,吴贻芳做了即兴演讲。她说,世界和平的真正希望在于世界各国能够相互谅解,以此达到世界大同,世界和平只靠讲道理和武力是无法真正实现的。在两次大战中,由于血泪的经验,人们才明白精神与道德是不可忽视的,她希望世界能够永久和平,武力不再战胜正义。最后,她还希望全世界妇女能够团结起来,为世界的和平作出自己的贡献。她的讲话多次被在场听众那雷鸣般的掌声打断,不少与会妇女被感动得热泪盈眶。是啊,八年了,中国人民和世界上正义人民的苦难终于要到头了,和平来之不易啊!吴贻芳女士作为中国妇女界的代表,她的言行举止都代表了中国妇女的形象和心声,她出席联合国制宪大会,确实能体现中国妇女的聪明才智和高尚情怀。她不愧是中国妇女的骄傲!

1945年4月15日,吴贻芳从重庆飞往美国。4月25日,具有划时代意义的联合国大会在美国的旧金山开幕,五十多个国家的二百多名代表参加了这次盛况空前的国际大会。各国代表团分组讨论联合国宪章草案和宪章范围内的问题。中、苏、美、英四个大国分在第四组。因为这组大国云集,因此受到媒体最多的关注。参会的女性代表很少,吴贻芳的出现就格外引人瞩目。

一次,轮到中国代表团发言时,吴贻芳沉着地从代表席上站起来,坚定地走向主席台。全场代表和记者都被这位颇具东方魅力的女代表的风采所吸引,会场一瞬间十分肃静,继而又出现了一阵小小的骚动,大家用不同的语言交流起来,相互打听这位女代表的背景,无数个相机镜头也纷纷对向吴贻芳,照相机的咔嚓声不绝于耳。

◎ 1945年6月4日,联合国制宪会议晚宴上的中国代表团(自左至右为董必武、吴贻芳、魏道明)。

吴贻芳从中国的历史和文化,讲到近代中国遭受的种种磨难,讲到中国在过去的八年中面对穷凶极恶的日本帝国主义进行的不屈不挠的全民族抗战,力陈伟大的中国人民是不可战胜的。最后,她阐述了中国政府对维护世界和平的看法以及对联合国宪章的意见,并表达了自己对世界美好未来的希望。她引经据典,侃侃而谈,在场的人都被她的精彩演讲和优雅风度所吸引。很多代表被中国军民在抗战中前仆后继的精神所感动,她的演讲也多次被热烈的掌声打断。发言结束后,会场上再次爆发出更为热烈的掌声,有些代表甚至站起身来,一边鼓掌一边欢呼,很少会有妇女在国际讲坛上作如此令人难忘的演讲,大家由衷地对这为东方女性表示钦佩。不少代表还走向中国代表团的席位,向中国代表表示祝贺。

5月29日,在大西洋彼岸的中国成都华西坝,金女大的师生们也很快知道了吴校长在联合国大会上发言的消息,并在校广场收听吴贻芳校长在旧金山向国内的广播。大家纷纷奔走相告,都为有这样一位杰出的校长感到自豪。同时,吴贻芳的二姨父陈叔通,也得知了此事,他老泪纵横,激动不已,这个外甥女没有辜负他的期望,真正地成了中国的栋梁。

6月25日,经过讨论的《联合国宪章》在联合国第九次全体大会上获得一致通过。在举世瞩目的《联合国宪章》签署仪式上,联合国会议指导委员会考虑到中国是最早遭受侵略也是最早奋起抗击入侵、捍卫世界和平的国家,因而特别推举中国为签署《联合国宪章》的第一个国家。吴贻芳得知此事,激动不已,她认为这是全世界对中华民族抗战的肯定,也是对正在抗日战场上取得节节胜利的中国人民的极大鼓舞。

◎ 1945年出席联合国制宪大会的中国代表吴贻芳接受旧金山米尔斯学院授予的哲学博士学位

26日中午12时,世界的目光聚焦于旧金山的战事纪念歌剧院,签署《联合国宪章》的典礼在这里举行。因宋子文和胡适有公务在身,分别提前离开。代理首席代表顾维钧就率先在《联合国宪章》上签字,从而成为在《联合国宪章》上签字的第一人。接着,中国代表王宠惠、魏道明、吴贻芳、李璜、张君劢、董必武、胡霖依次签字。这样,吴贻芳就成为在《联合国宪章》上签字的第一位女性,她的名字因此而永载史册!

◎ 1945年6月26日,吴贻芳在联合国制宪大会上代表中国在联合国宪章上签名。

吴贻芳因此在美国社会引起了广泛关注,许多美国的重要组织,都主动与她接触,和她讨论各种国际问题,尤其是美国的教育界和宗教界,更是对这位在美国深造过的东方女基督教徒充满了好感和敬佩。此前,中国妇女在美国民众心目中的形象不外乎是缠着小脚、大门不出、大字不识、只会勤俭持家,很少会有中国女性参与社会事务,即使有,也不过是陪衬。吴贻芳在联合国大会上的出色表现,很大程度上也改变了美国民众对中国女性的看法,美国民众对中国有这样出众的女性啧啧称奇。

那几个月中,大会、小会、座谈、演讲、宴请不断,不管如何疲倦，只要是社团请她出席活动，吴贻芳都尽可能接受。她是在为进一步促进国际上对中国的认识，提高中国的国际地位而努力。

◎ 吴贻芳题词(1945年)

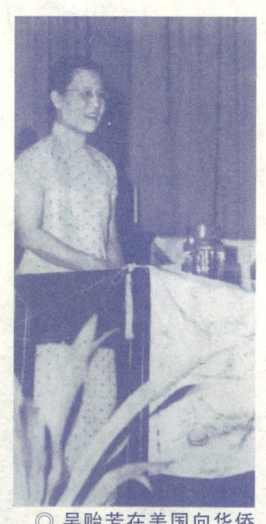
◎ 吴贻芳在美国向华侨妇女演讲(1945年)

签署《联合国宪章》之际，恰逢金女大1945届学生毕业。吴贻芳于美国旧金山满怀激情地给1945届毕业生发了贺电："在世界和平大宪章签字的今日，中国的历史也揭开了新的一页，中国今后的命运，全靠它的国民是否有竭诚牺牲小我以成全此最高理想的精神！现谨向一九四五届同学道贺毕业之喜，望各位贡献全力，肩此重任。"①

1945年8月14日，日本天皇裕仁宣布无条件投降，战争结束了！在欢庆胜利的时刻，金女大师生无不感佩八年抗战中，是

---

① 《吴贻芳纪念集》，江苏教育出版社，1987年版，第52页。

吴贻芳校长时刻温暖着师生们的心，领导和鼓舞大家度过了最艰辛的岁月。

　　1946年4月中旬到5月中旬，在吴贻芳的精心组织下，金女大开始了大规模的回迁南京校区的工作。大部分师生从陆路走，卡车日行夜宿，经宝鸡到西安，转火车南下，没有发生任何事故。顺利完成迁校任务后，吴贻芳终于长舒了一口气，感到十分欣慰——金女大终于回到了自己家！9月23日，金女大在南京校址正式复课，在南京各大专院校中最先恢复了正常的教学秩序。

◎ 抗战胜利后，在吴校长的周密组织下，大部分师生乘坐卡车、火车分批返回南京。

伍

选择新中国 融入新政府

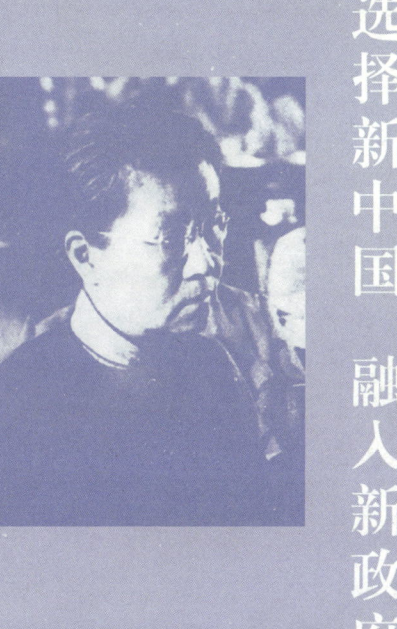

抗战胜利后,内战又一触即发。社会动荡,经济失控,物价飞涨,人们都生活在紧张不安之中。吴贻芳曾经期望的国家新局面并未出现,严酷的现实使得她对国民政府和蒋委员长越来越失望,对国家和民族的未来、对金女大和学生们的命运越来越担忧……在历史转折的关键时刻,吴贻芳内心深处的爱国主义情结促使她最终选择了新中国。

一　新中国成立前夕的风云

1946年6月30日,上海市各界代表马叙伦、阎宝航等人与学生代表前往南京请愿,呼吁和平,反对内战。代表团到达南京车站时,遭到数十名装扮成"苏北难民"的国民党特务的包围毒打,许多人被打伤,当局这一暴行震惊了全国。吴贻芳作为著名社会贤达,面对记者直截了当地表明了自己的态度:"大家都是中国人,所有的政治分歧完全都可以通过谈判协商的手段和平解决,不应该大打出手,下关惨案严重侵犯了人身自由,当局负有不可推卸的责任,有义务严惩凶手,以儆效尤!"

当众问责蒋介石　1947年5月20日,沪、宁、杭三地学生在南京组织联合大游行的途中遭到国民党军警特务的镇压,当时被打伤50余人,重伤3人,失踪40人,案发现场血流成河,令人惨不忍睹。这就是当时轰动一时的"五二〇"惨案。案发当天,适逢国民参政会四届三次会议正在南京召开。惨案的消息传到会场,很多参政员在震惊之余非常愤慨,纷纷指责当局不该动用武力镇压学生的爱国民主运动,要求政府立即惩办凶手,用和平的方式积极面对学生提出的合理要求。作为参政会主席之一的吴贻芳,正巧与蒋介石同坐一桌。面对丰盛的菜肴,吴贻芳毫无食欲,她向蒋介石询问惨案发生的具体情况以及政府处理此事的意见。对此,蒋介石表示自己尚未了解详情,并说具体问题应由有关部门去处理,此事为一般治安问题,参政员们不必过多关注。对蒋介石这种太极推手般的态度,吴贻芳深感失望。参政员的职责之一就是关注民生,为民请愿,面对这么严重的事情,参政员怎么就"不应该过多关注"呢?虽然此事尚未完全明了,但是吴贻芳认为首都警察厅难辞其咎,于是,她就向蒋介石提出将首都警察厅厅长调离。不仅蒋介石,就连在场的其他参政员,听到这个建议也都是一怔。蒋介石继而反问吴贻芳为何提这样的建议。吴贻芳从容而又严肃地答道:"那些警察名曰维持秩序,实际上却是对手无寸铁的青年学生大打出手。据说,有的学生已经逃进了路旁的水果店里,但是警察还是紧追不舍,追进去揪出来继续殴打,这难道不是警察厅厅长的责任吗?"蒋介石听到这里,很不高兴地插嘴说:"警察这么做,总之还是为了维护公共秩序嘛!近来一些学生也闹得太不像话了,一个国家的首都总不能没有正常的生活秩序嘛!"气愤的吴贻芳忍不住又问道:"维持秩序怎么还带上武器?金陵大学的学生整队走出校门时,全副武装的警察对空鸣枪阻拦又是怎么回事呢?"吴贻芳情绪激动,说话的嗓音比平时高了许多,对身为国家元首的蒋介石,穷追不舍地责问,毫不胆怯,一点面子都不给对方留。这使得平时一向镇定自若的蒋介石非常难堪,他稍稍沉默了一下之后,没好气地说:"这些学生都是被共产党利用的,不把共产党分子从学校中赶出去,学校是没办法办下去的,学生们也是不能好好上课的!"听到这里,吴贻芳觉得再这样争辩下去毫无意义,她默然地站起来,一言不发地离开了宴会厅。很快,午餐会上吴贻芳和蒋介石争吵的事情和"五二〇"惨案一道传遍了大江南北。很多国人认为,吴贻芳这样平时与世无争、温文尔雅的教育界、宗教界领袖都忍不住对国民党当局的所作所为提出尖锐的批评,看来蒋介石的政府真的是失去人心了!

◎ 1940 年代的吴贻芳

全力保护学生 1948 年,国民党在南京加大了对中共地下党员的搜捕,甚至扬言宁可错抓一千,也决不放走一个共党分子,南京城笼罩在白色恐怖之中。5 月的一天,吴贻芳听说金女大也有学生在黑名单之列,这个消息使她非常担心,马上驱车前往教育部,风风火火地约见教育次长杭立武,态度很强硬地表达了自己的要求:"金女大作为一所国际知名的女子大学,从大革命以来,军警就没有进入过学校。为了高等学校的尊严,也为了女子大学的声誉,军警宪特不得进入我金陵女大,不得在校内秘密捕人!"鉴于吴贻芳崇高的威望,直到解放,金女大的学生都没有一个被抓走,更没有一个坐过牢,学校的地下党组织和其他进步学生组织也没有遭到破坏。这不能不归功于吴贻芳的努力。吴贻芳不仅保护在校的学生,就连已经毕业了的金女大的学生,她也尽可能地加以保护。毕业生朱恩贞毕业后,国民党三青团中央曾经指名道姓要求她参加三青团,并威胁她说,倘若不允,后果自负。朱恩贞找到吴贻芳哭诉,说自己不愿意参加三青团,但是又怕被那些人暗算。经过斟酌,吴贻芳决定送其出国,很好地保护了她。

1948年4月间,校园里不安地流传着国民党当局即将大规模镇压学生运动的消息,吴贻芳校长出于对学生人身安全的考虑,召集了全校师生大会。她要求学生不要过多过问政治,重要的是学好功课,国家大事由政治家去解决……她一边说,同学们一边在下面议论。在礼堂最后一排的一位同学一下子站了起

◎ 1948年"5·21"游行,金女大声援中央大学被国民党无理逮捕的学生。郑小瑛(右一)朱文曼(左一)举着标语大旗走在第一排。

来,大声顶了吴校长几句:"校长今天讲的不对!校长平日常说要爱国,要有牺牲精神。现在政府只顾打内战,人民大众处在水深火热之中,我们能心安理得地闭门读书吗?"这样当面顶撞吴校长的事情,在金女大是破天荒的,顿时全场的老师和同学都惊讶地回过头去注视着这个小个子同学,她就是王端一。她1948年参加人民解放军后,改名为肖林。

◎ 1948年南京"5·21"游行抗议活动

1949年4月1日,国共双方在北平举行和平谈判,南京城的中央大学、金陵大学、政治大学、金女大、戏剧专科学校等十几所大学的师生联合举行了"争自由、争民主、争真和平"的示威游行。当天,参加两党和谈的国民党代表要离开南京去北平,金女大的学生决定去欢送,并且仍然怀着和平的希望去呼吁代表能争取到真正的和平。

◎ 1949年4月1日金女大学生扛着"反饥饿、反内战、争生存、争自由"的横幅参加全市大游行。

吴贻芳听说国民党当局散布共产党要在这一天捣乱的消息,很担心当局以此为借口迫害爱国学生。在活动开始前,吴贻芳仍然苦口婆心地劝阻学生,但是未能奏效,许多学生反而对吴贻芳的做法产生反感。吴贻芳默默地、无奈地走出了礼堂。

（30年后的1979年,86岁的吴贻芳专门在家里召开小型座谈会,当时的学运积极分子王粹珍、郑小瑛、程式如、曾曼西、何乾之等同学都应邀到会。同学们对校长86岁了还检讨自己过去的工作,深为感动,个个都坦诚陈词,对当年学校的学术气氛、政治氛围和对学生的管理等谈了自己的看法。吴贻芳认真地听着,沉浸在对过去的回忆中:"是啊,1949年的'四一'前夕,我劝你们不要出去游行,我当时是站在礼堂台上讲的。那时,我第一次感到我的话在学生中的作用不如过去了,学生不听我的话了。《团结就是力量》的歌声那样激昂,经验告诉我,我无能为力了,于是我就走下讲台,走出礼堂。"吴贻芳说到这里,师生相视,会心地笑了。校长对真理的执著追求和严于剖己的精神溢于言表。)

当天下午,当局果然凶相毕露,大批军警突然闯到活动现场,对手无寸铁的爱国学生大打出手,造成三人死亡,二百多人受伤的惨案。伤亡的学生大多是中央大学、政治大学和戏剧专科学校的学生。虽然吴贻芳对这样的惨剧早已有了心理准备,但是闻听消息,她还是再次感到震惊和愤怒!第二天一大早,吴贻芳就和学校其他工作人员一道,手持鲜花,带着食品到鼓楼医院慰问受伤的学生。吴贻芳一一询问学生的伤情,请求医护人员精心为他们医治,亲手给重伤员喂汤水。吴贻芳对学生的爱和当局的无耻行径形成了鲜明的对比,很多学生当时就感动得号啕大哭。金女大的学生们感触更深,直到此时她们才明白,校长一再劝她们不要参加社会活动,并非是要压制她们的爱国热情,而是发自内心地怕她们出意外啊!大家都为曾经误会甚至讨厌吴校长的劝说而感到内疚。在那个谁都不能预测明天到底会怎样的时刻,吴贻芳用她那颗慈母般的心,竭尽心力地保护着她的孩子们免遭灾祸。

坚持不迁校 1948年年底,金女大召开了本年度的校董会。

有董事提出了建议,为学校今后的前途着想,应该将学校迁往台湾。此言一出,马上有不少校董赞同。吴贻芳断然否定。她援引齐鲁大学和燕京大学的选择说服校董们不要迁校。济南被解放军攻克的前夕,齐鲁大学文学院、医学院和理学院为了躲避战争,不愿面对新政权,都相继迁离了济南,但是都陷入了进退两难的困境。解放军控制北平郊区时,处于市郊的燕京大学,没有迁校,而是照常办学,学校的财产和教职工的人身安全得到了有效保护,日常教学活动井井有条。此外,为了说服校董们不迁校,吴贻芳还提出了在新政权领导下开学的四项条件:一、宗教工作允许自愿参加;二、共产党人不可以任命大学职员;三、维持大学的教学自主权;四、大学有权决定招收或开除学生。吴贻芳希望这些条件也能说服美国托事部,说服她们不作出迁校的决定,继续在新政权的领导下支持金女大。在吴贻芳的坚持下,学校迁台的提议终于没有通过。

两辞教育部长 1946年2月,吴贻芳在重庆转飞机去成都处理学校回迁问题时,宋美龄请吴贻芳到她重庆的官邸面谈。宋美龄借司徒雷登先生之口,提出吴贻芳出任教育部长的建议。吴贻芳以"国家刚刚光复,金女大还有许多工作需要我去做"而婉言拒绝。1949年1月20日,由于战场上的节节失利和政敌的反对,蒋介石被迫宣告引退,由李宗仁任代总统。3月8日,行政院长孙科宣布内阁总理辞职,李宗仁委任何应钦重新组阁。在讨论内阁成员人选时,众位幕僚一致认为,应该尽可能地任命在国内外深有影响力的人士进入内阁,这样方可使本届政府更有影响力。在讨论到教育部长的人选时,张治中向何应钦建议,应该由吴贻芳出任教育部长,因为吴贻芳在国内外享有崇高声誉,又是有博士学位的大教育家,治理金女大二十余年,成绩斐然,有目共睹,而且她还是基督教徒,没有党派背景,没有政治宿敌,在这多事之秋,如果她能出任极为难当又非常敏感的教育部长一职,不仅不会招致非议,而且还能加强本届政府的凝聚力!于是,3月10日黄昏时分,何、张二人一同乘车来到金女大南山吴贻芳的住处,邀请吴贻芳出任李宗仁政府的教育部长。吴贻芳一再强调,在这关键的时期,自己不能丢下金女大不管,金女大也离不开自己,以此为由,力辞此职。

吴贻芳从青年时期就铭记国父孙中山先生的一句名言:要做大事,不要做大官。她真正想做的事情,是作为一个教育工作者,为中国的教育贡献毕生精力。而且她耿直的性情,本能地厌恶官场的尔虞我诈,不愿过多介入政治。再加上受陈叔通先生的影响,两次坚辞教育部长的职位,也是可以理解的了。

拒绝赴台 国共北平和谈破裂后,解放军强渡长江,首先在江阴和安庆等处突破防线。此时的南京,政府机关纷纷南迁,大户人家携带财产离开,不少社会贤达也被裹胁走了。工厂停工,商店停业,学校停课,市民都尽可能减少外出,以防不测。南京城一片冷清。4月22日上午8点,吴贻芳办公室接到南京国民党特别军话台转来的杭州方面宋美龄的特级电话,吴贻芳马上猜出了其用意——南京城即将易主,宋美龄是要劝她离开南京!吴贻芳对身边的工作人员说:"就说,吴贻芳有事外出未归。"10点左右,宋美龄的女秘书又要通了吴贻芳校长室的电话,在吴贻芳的授意下,工作人员假装找了一会儿,仍然回复说,吴校长不在。女秘书要求军话台服务站的负责人尽快转告吴贻芳："蒋夫人已令空军一名负责人夏某某通知南京空军总站,务必请吴校长迅速搭乘空军飞机离宁。"吴贻芳静静地对周围的人说："我是不会去台湾的,我不会离开金女大的。"下午4点,蒋介石的一名随从副官坐着一辆黑色小轿车直接驶到吴贻芳家门口,副官将一封信和一张飞机票交给晋桂芳,请她务必马上交给吴贻芳,并一再说,再不走就来不及了!晋桂芳不敢耽搁,马上将信与飞机票送给了在卫生间的吴贻芳。吴贻芳看了这封信,对晋桂芳说:"桂芳,请转达我的意思,我离不开金女大,离不开金女大的学生,实在不能走!"晋桂芳把吴贻芳的话向这位副官说了一遍,并把飞机票还给了他。副官只好接过飞机票,乘车离开了。吴贻芳在等待着光明的到来。

组织临时治安委员会 国民党的机关和军队能撤走的都撤走了,解放军还没有进城,南京城出现了短暂的权力真空,一时间社会秩序非常混乱,一些人趁火打劫,南京的治安不容乐观。吴贻芳明白,此时那些安分守己的百姓最容易受到暴徒的伤害,她不能眼睁睁地看着这种情况继续下去,作为一个有社会责任感的教育家、虔诚的基督徒,她决定在此时为百姓做些事情。正巧,此时有人邀请她担任南京各界联合成立的治安维持委员会副主任。一向低调的吴贻芳没有推辞,欣然接受这一建议。她和其他人士一道,以南京治安维持委员会的名义致电中共中央和毛泽东,对中国人民解放军进军南京表示热烈欢迎。为了进一步保障南京人民的生命财产安全,避免发生更大的骚乱,吴贻芳决定成立临时治安委员会。她找到马青苑将军,请求他的支持。马青苑原是西北军的高级将领,退伍后居住在南京。马将军欣然同意合作。这两位名人,一位是军界著名的退役将军,一位是学界有名的教育家,联合领导临时治安委员会,有着很大的号召力。他们发布了联合告示,要求广大市民在解放军进城之前好好待在家里,遵守社会秩序,同时不要窝藏坏人,发现不法之徒要合力抓捕或立即报告临时治安委员会。当天下午,南京的大街小巷都张贴了委员会的布告。一队队临时组建起来的没有撤退的士兵,扛着临时治安委员会的大旗在街上巡逻,交通警察也照常维护交通秩序。在临时治安委员会的努力下,到傍晚时分,南京的秩序明显好了很多,久经战乱的南京百姓们静悄悄地在家中等待解放军进城。(这一段历史校友邵华曾经在1983年问过年逾九旬的吴贻芳。吴贻芳说:"那位军人(马青苑)不是嫡系,他是作为留守部队负责人留下来的。那时,国民党的军队绝大多数已经撤退,而解放军尚未到来,所以,我就同那位马将军说'让我们一起来维持南京的治安吧',那位将军面有难色,说他人生地疏怕不行。我说:'我可以帮助你,你任正职我任副职好了。'后来他同我都用了'副'的名义。")

4月23日上午,一支穿着不齐、肩扛步枪、浑身尘土、装备简陋然而精神饱满的中国人民解放军队伍雄赳赳气昂昂地进了南京城。市民们纷纷走出家门,自发地到街上欢迎解放军的到来。吴贻芳也和金女大的学生们一起加入了欢迎队伍。金女大的学生用自己自编自导的歌舞节目慰问人民子弟兵。望着这些真正的子弟兵,吴贻芳那张饱经沧桑的脸上终于露出了久违的微笑。她在这支朝气蓬勃的队伍身上看到了一个崭新的中国,一个繁荣富强、自由民主的新中国。她为当初力保金女大留下来而感到庆幸，为自己最终没有去台湾感到庆幸！

◎ 金女大迎接解放

南京解放后，解放军没有马上掌握制空权，台湾当局不断派飞机来南京进行轰炸。设立在南京的一些外国银行、商行、学校和其他机关，纷纷树立起本国的国旗，以避免被炸。有人向吴贻芳提出建议在学校的最高处悬挂美国国旗以避免轰炸。吴贻芳坚决予以否定："在金女大悬挂美国国旗是绝不可以的！现在解放了，在中国的学校里，为什么要挂美国国旗？这事关乎民族气节和国家荣誉，我们不能也绝不允许这样做！"

二　　融入新政府

1949年2月,吴贻芳为了了解新中国的形势及其发展方向,请一位教师把《新民主主义论》翻译成英文,在外籍教师晚祈时向她们宣讲。5月2日,吴贻芳和金陵大学校长陈裕光一起,受到了刘伯承和陈毅的接见。两位首长向吴贻芳保证,虽然共产党人强烈反对美帝国主义,但是这并不涉及对华友好的美国公民。只要外国人不反对中国共产党的政权,新政府就欢迎他们继续在华执教。两位共产党领导人平易近人的态度和非凡的军人气质,以及尊重民意、重视教育事业的态度给吴贻芳留下了深刻的印象。

5月16日下午,南京市军事管制委员会、中共南京市委、南京市人民政府联合邀请南京市各界知名人士和社会贤达参加座谈会。吴贻芳也在受邀之列。刘伯承和宋任穷代表中国共产党向大家致以亲切的问候,并希望大家能畅所欲言,各抒己见,为建设新南京出谋划策。座谈会上吴贻芳做了即兴发言,她首先讲述了解放军进城后自己的高兴心情,并感谢人民子弟兵赶走了国民党政权和军队,给苦难的中国带来了新希望。然后,她进一步谈到对解放后建设南京的看法。最后,她满怀激情地说:

◎ 吴校长换下旗袍,穿上象征解放的中山装,欢乐地跳着集体舞。

"作为一所专门培养高级妇女人才的大学,金女大愿意在尊重信仰自由的原则下,为人民服务,在中国共产党的领导下,继续为国家、为社会培养急需人才。"

9月初,吴贻芳作为特邀代表,前往北京参加中国人民政治协商会议第一届会议。大会制定了一系列历史性文件,决定了新中国首都的所在地,确定了国旗、国歌。这一切都使吴贻芳感到兴奋,是啊,一个崭新的中国就要诞生了。百年来中国遭受的内忧外患,人民遭受的种种苦难,都将真正地成为历史。

10月1日,中华人民共和国开国大典在雄伟的天安门广场举行。吴贻芳和来自全国各地的代表一起,在巍峨的天安门城楼观礼台上,参加了这一盛典。当她看到毛泽东亲自升起第一面五星红旗,用洪亮的声音庄严地向全世界宣告"中华人民共和国成立"的时候,不禁泪流满面。她看到了一个曾经饱受蹂躏、饱经创伤的民族,终于挺直了腰杆,在全世界面前昂起了头,她感到了作为一个中国人的自豪。她看到了一个真正的崭新的中国,一个充满朝气和希望的中国,一个真正能结束中华民族内忧外患的中国。她那日夜期望的"教育兴国"的理想一定会在这个崭新的中国实现!

面对新形势,吴贻芳积极应对因政局的改变而带来的教育工作方面的改变,领导学校进行各方面的改革,金女大的面貌在很短的时间内发生了很大的变化。

1950年5月28日,吴贻芳赴京参加第一次全国高等教育会议,政务院总理周恩来会见了吴贻芳和一部分中国基督教界的领导人,并且提出了希望继续发挥中国基督教会的作用、为国家建设出力的愿望。在这次会议上,吴贻芳提出,教会大学不能被帝国主义利用,宗教与教育二分,教会大学必须保证宗教自由,信与不信的自由相同,必须相互尊重,教会大学的宗教课程要根据国家政治的要求制定。

◎ 1950年吴贻芳在全国首届高等教育工作会议上

虽然参加讨论的教会领袖们并未得到教会组织的正式授权,但是由于他们本身都是基督教青年会和女青年会、教会大学和中国基督教会中最有影响的人物,因而会议受到国内外广泛关注。经过几次会议后,一份基督教宣言问世了。该宣言由吴耀宗起草,经过修改后于1950年7月公布。宣言指出:"……中国基督教会应该自治、自立、自传。基督教各教派应在受到新政权欢迎的人们领导下统一组成一个中国教会,这个新的教会将不受外国控制,也不依靠国外的经济资助。联合教会的新领导将成为共产党政府和广大基督教徒之间相互联系的纽带。"公告宣布后,包括吴贻芳在内的五十名中国基督教领袖人物,又提倡把这个宣言作为中华人民共和国内所有基督教会的指南,建议这个宣言题名为《中国基督教徒在新中国建设中的努力方向》,并在全国范围内请赞成的基督教徒签字。最终,有超过四十万的中国基督教徒签了名。

教会大学的消亡

1950年6月,朝鲜战争爆发,为了保家卫国,中国政府决定出兵朝鲜。这一事件直接导致中美关系恶化,也使中国的教会大学的命运发生了根本性的转变,包括金女大在内的教会大学在中国大陆上消亡。在全国各地掀起的声讨美帝国主义的浪潮中,金女大的表现令世人瞩目。11月14日至18日,金女大几位学生分别写信给校学生会执委会,指出美籍教授费睿思在讲授"英文"、"社会制度"、"现代社会学"课程时,散布反对中国政府和人民"抗美援朝"的言论。学生会很快公布了这些信件。之后学校各级各科纷纷展开讨论。11月27日至12月30日,金女大开展"抗美援朝,保家卫国"宣传教育活动。12月2日,《新华日报》发表文章,揭露了费睿思的言行。南京各校代表七百余人参加了金女大举行的"反侮辱、反诽谤控诉大会"。3日,南京市六十余所大中专院校发起声势浩大的声援金女大的活动。5日,金女大全体学生发表告全国同学书,并组成控诉队,分赴其他南京的学校,控诉美帝国主义的文化侵略罪行。7日,金女大与金陵大学组成代表团赴沪、杭、苏三地向当地学生继续控诉美帝罪行。14日,《人民日报》为金女大的事件发表了《进一步展开反帝爱国运动》的社论。这之后,全国大中学校学生、教职员工展开了热烈的反美爱国运动。这一年的冬天,吴贻芳任"中国人民保卫世界和平委员会"委员,还当选为"华东抗美援朝总分会"筹备委员会委员。

在这种情况下，多数西方教职员工停止工作，撤离了中国。许多人开始质疑教会学校在新中国继续存在是否必要。与此同时，美国方面作出了使得中美两国关系进一步恶化的行动。美国政府于12月17日宣布冻结中国在美国的全部财产，并明文规定，除非有特殊的许可，把资金汇往中国大陆是非法的。这样一来，经费主要靠美国资助的中国教会大学都面临着由于收不到外汇而经济来源断绝的危机。这种危机在金女大尤其突出。仅美国史密斯女子学院每年对口赞助的资金一项，就占金女大日常费用的三分之一左右。美国方面断绝赞助，学校就很难维持下去了。1951年1月，国家政务院颁布了《关于处理接受美国津贴的文化教育机关及宗教团体的方案的决定》；1月6日，教育部召开接受外资学校校长会议，商讨学校前途和办学办法。会上，教育部长提出，教会大学如果由中国教会提供资金，可以继续办下去；如果无法解决自筹资金，则由中央政府提供经费，改为公办，并要认真清除美国的影响。金女大在吴贻芳的支持下，表示坚决拥护政务院的决议。不久，美国各教会联合托事部来电，要求金陵大学和金女大派代表到香港具体洽谈经费问题，并表示尚有商讨的余地。对此，两校师生通过决议，彻底断绝与美国教会的联系，对来电不予回复。

到1951年秋天，金女大由于教师不足，经费也已所剩无几，于是由吴贻芳提议，经华东军政委员会教育部批准，金女大与金陵大学合并，新成立的学校校名仍为金陵大学，性质为公立。9月15日，经过华东军政委员会批准，由李方训、吴贻芳、戈福鼎等十五人组成金陵大学校务委员会，李方训任主任委员，吴贻芳

◎ 1950年12月,金女大有一批学生参加了中国人民解放军。从左至右为钟玉征(化学系)、李锦华(音乐系)、李帼熊(中文系)。

任副主任委员。原金陵大学校长陈裕光早在当年3月3日已经辞职。新的金陵大学设有文、理、农三个学院。理、农学院在原金陵大学,文学院在原金女大。

　　1952年夏天,教育部决定在全国进行高等院校院系调整,成立综合性大学和分科学院。按照华东地区的院系调整方案,南京地区设立综合性大学一所,即南京大学,以原金陵大学为校址,另设多所分科学院,如工学院、师范学院、林学院、水利学院等。新组建的南京师范学院,设立在原金陵女子大学的旧址上,以原金陵大学师范学院和金陵大学部分系科为主,再加上私立上海复旦大学托儿专修科、私立广州岭南大学社会福利系儿童福利组、南京师范专科学校数理班合并而成。吴贻芳与陈鹤琴、高觉敷等人一起组成了南京师范学院建校筹备委员会。新组建

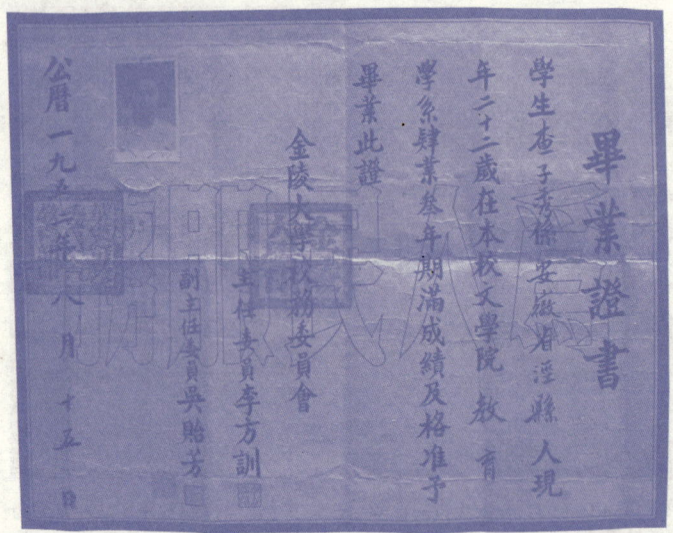

◎ 1952年金陵大学颁发的毕业证书

◎ 教育系1952届毕业照(1951年金陵女大和金陵大学合并为金陵大学,从此有了男生)。前排：右一虞蕙文,右四包志立,右五高觉敷老师,左四高文源老师,左三张芧竺系主任;后排：左一胡润珠,左三谢宗昭。

的南京师范学院,设有中文系、数学系、理化系、教育系、幼教系、音乐系、美术系及生物、地理专修科。附设农工速成中学一所,幼儿师范学校一所,以及大石桥小学、大石桥幼儿园、五台山幼儿园。

这一年的7月1日,南京市各界人士举行纪念"七一"座谈会,吴贻芳出席并作了即席发言。吴贻芳一改以往在公共场合情感不外露的习惯,用充满感情的语气诚挚地说:"过去对共产党不太了解,因之我说贵党,今天我要说我们的党……"吐露了她蕴含已久的心声。人们亲耳听到这位已是花甲之年的老教育家亲切地将共产党称为"我们的党",深为感动。吴贻芳绝不是那种随波逐流和随声附和的人,她是忠实于真理,忠实于自己观点的人。当她的观点一经形成并为实践证明是正确时,她就会至死不渝地遵循和捍卫它。当她认识了没有共产党就没有新中国,只有社会主义能够救中国这个真理后,她就在以后几十年的岁月里,始终坚信,不因岁月流逝而信念稍减,也不因共产党的一时失误而对党怀疑。从说"贵党"到"我们的党",不但反映了一个正直的知识分子思想演变的历史必然过程,同时也反映了一个从旧社会过来的爱国知识分子正直不阿、坚贞不渝的可贵之处。

12月5日,中央人民政府教育部任命陈鹤琴为南京师范学院院长,纵翰民为第一副院长,吴贻芳为第二副院长。30日,南京师范学院又按照华东军政委员会和教育部的精神发出通知:鉴于吴贻芳另有任用,免去其第二副院长职务。

陆

鞠躬尽瘁 服务人民

在中华人民共和国的怀抱中，吴贻芳先后担任了江苏省教育厅厅长、江苏省副省长、六届全国政协常委、中华全国妇女联合会副主席、中国民主促进会中央委员会副主席、中国基督教三自爱国运动委员会名誉主席、江苏省政协副主席、中国民主促进会江苏省委员会主任委员、南京师范大学名誉校长等职务，从事教育、妇女和儿童、民主党派和宗教以及推进世界和平和对外交流等重要工作。此时的吴贻芳虽已年过花甲，但她以极大的热情全身心地投入到建设新中国的事业之中。

一　献身新中国的教育事业

1953年1月1日,江苏省人民政府成立。2日,江苏省教育厅成立。省人民政府委员会第一次会议通过任命吴贻芳为江苏省教育厅厅长,齐健秋、陶白为副厅长的决议并报请中央人民政府政务院批准。两次拒任国民党政府教育部长的吴贻芳欣然接受了任命,可见她对新中国抱有无限的热望。

吴贻芳上任后,召开了全省第一次由各专署、市、区、县的文教领导干部出席的教育行政扩大会议。在会议上,吴贻芳主持

◎ 江苏省副省长吴贻芳在办公

鞠躬尽瘁　服务人民 / 153

讨论了小学、扫盲、工农业余教育、师资速成班、小学附设初中班和夜中学等五个整顿方案,还研究了中等教育发展计划、基本建设设计等。这些措施,扭转了解放初期教育管理混乱、人浮于事的局面,为江苏教育的发展开了一个好头。

　　作为一名教育管理工作者,吴贻芳喜欢深入到教育教学第一线去听课,与基层教师座谈,及时解决各种问题。一次,她来到一所幼儿师范学校检查工作。吴贻芳先是听了课,又看了学生的汇报表演,最后还召开教师和学生代表座谈会,听取大家的意见和建议。当她问及这里学生的实习情况时,老师们无奈地告诉她,教学实习都是临时外出联系工厂或机关的幼儿园。一贯重视学生教学实践的吴贻芳当即表示,作为幼儿师范学校,一定要有自己的附属幼儿园,这样既可以把附属幼儿园作为学生的实习场所,还可以在出现新的教学方法时,很方便地立即实

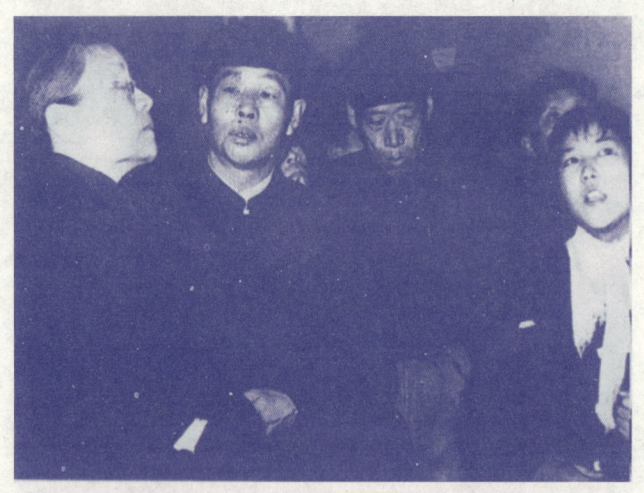

◎ 1959年,吴贻芳副省长视察农业中学。

验。这次检查工作结束后,吴贻芳指示教育厅的相关部门在经费和人事方面给予支持。不久,事情得以圆满解决。吴贻芳又亲自到刚刚创建的附属幼儿园调查研究,看到附属幼儿园办得的确不错,这才放心。

吴贻芳十分关心教师的生活质量。她提出积极地、及时地、合理地使用福利费,简化请领手续;要求解决教师夫妇分居两地的问题,使他们能在同一地区工作;要求保证教师的必要休息时间,关心教师的健康。

吴贻芳对某些干部对小学教师尊重不够、不少单位直接向学校布置工作、召集教师开各种各样的会议等现象提出批评。

1956年,吴贻芳当选为分管全省科学文化教育工作的副省长以后,工作更加繁忙。但她仍然坚持接见基层中小学教师,听取他们对教育工作的意见和建议,并尽可能地亲自回复来自基层的信件。她对教育事业的关心真可谓是达到了事无巨细的程度。

◎ 吴贻芳在连云港视察实验工厂

作为一名有长期工作经验的老教育家,吴贻芳十分重视"工作母机"——师范院校的建设。她认为师范院校是教育工作中的"重工业",也是教育事业成败的决定性一环。作为统管全省教育事业的负责人,吴贻芳亲自过问各类师范院校的招生计划和教学情况。她提出,师范院校的招生数字,应与普教发展保持一个科学的比例,这样就可以保证每年有足够数量的合格师范毕业生去中小学任教,满足普教事业的发展需要。随着师范教育的发展,又出现了师范院校师资不足的问题。短时间内从何处找这么多合格的师范教师呢?吴贻芳与厅里的其他领导共同商议,反复研究,最后决定从现有的中学教师中选调一批学有专长,又有丰富教学经验的教师,到高等师范任教,一举解决了这个长期制约全省教育工作的瓶颈问题。接着,省教育厅又在吴贻芳的主持下,选调三百名优秀小学教师,经过紧张、严格的短期培训后,改任中学教师,以适应中等教育事业发展的需要。吴贻芳还提出要重视吸收社会知识分子参加教育工作,批评吸收还不够大胆、挑剔太多的现实。这一系列措施,为江苏省的教育事业奠定了坚实的基础,也为江苏的中小学教育的质量在全国处于领先地位,创造了必要条件。

作为一名坚持"全人格教育"实践的教育家,吴贻芳高度关注青年学生的思想道德品质培养。1955年5月,在一次教育工作会议上,吴贻芳发表了《教师应该对学生全面负责》的讲话,讲话中,吴贻芳认为,新中国成立以来,青年学生的道德品质有了显著的发展。但是,在这一时期,我国的青年学生中还一定程度上存在着思想不健康,纪律松弛和道德败坏的现象,有的地方还相当严重。这种情况固然有社会和历史根源,但是广大教育工作者对这些现象的存在也是负有责任的。有一些教师对自己的学生还没有做到全面负责,表现在他们"只管教,不管导",只传授知识,而对学生的思想品质和行为则采取不闻不问的态度。吴贻芳要求广大教师切实转变"只

◎ 1964年的吴贻芳

管教,不管导"的错误观念,真真切切地对学生的健康成长负起责任。吴贻芳一针见血地指出"只管教,不管导"其实是一句骗人的话,个别教师利用这句谎言,掩饰自己某些不能为人师表的行为,而学生的作风好坏,往往与教师的影响有直接关系,怎么能说教师可以"不管导"呢?吴贻芳认为"只管教,不管导"还反映了某些教师害怕对学生负责的真实思想,因为在这句话的掩盖下,一些教师就认为自己除了教书,其他的什么都可以不管了。其实,教书、上课不过是教师"教人"的一个部分而已,既不是全部要求,更不是终极目的。吴贻芳还希望教师明白,在实际教学中,教与导也不是截然分开的,在很多场合下教育与教学的任务原是同时完成的,正因为如此,"教"和"导"是不能分家的。吴贻芳要求每一位教师要深入地贯彻全面发展的方针,以实际

行动挑起对学生全面负责的担子。在1956年12月江苏省优秀教师代表大会上,吴贻芳做了《总结和推广优秀教师的经验,为积极稳步提高教育质量而奋斗》的重要讲话。讲话中吴贻芳再一次强调了要树立对学生"全面负责"的观点。

1980年,87岁的吴老在一次教育会议上,还发表了《加强青少年政治思想教育刍议》的讲话。在这次讲话中,吴贻芳回顾了1979年她在美国参观学校并与美国教育家们探讨青少年教育问题的情景。吴老认为,中美两国在青少年教育领域都存在着亟待解决的问题。中国青少年目前存在的问题,既有思想问题,也有实际问题,应从思想和实际行动两方面来解决。在解决中国青少年问题方面,吴老认为:恢复和发扬党的优良传统是搞好青少年思想教育的前提;要根据时代特点,联系青少年实际,进行切实可行、生动有力的正面教育;搞好中国式的现代化,发展社会主义事业,切实解决好青少年的升学、就业问题。吴贻芳认为,许多青少年问题的产生,都和"文革"时期"四人帮"对社会风气的破坏有关,但是同时也和青少年缺乏实际锻炼,没有树立明确的生活目标有关。吴老在讲话中特别关注了青少年的升学、就业问题。

同年10月4日,吴贻芳又在一次会议上发表《教育体制的改革一定要注意青年就业问题》的讲话。吴贻芳认为,中国有两个特点:一个是人口多,劳动就业的问题很突出;一个是底子薄、基础差,是世界上的贫困国家之一。目前,普通中学毕业生升入高等院校的只有4%左右,其他的学生,除了一小部分考入中等技术专业学校外,绝大多数毕业后不能很快就业,也很少有其他就学门路，只能在家待业。这是一个需要十分重视的问题。就业困难使一些人感到没有出路，产生了悲观失望情绪，甚至走上犯罪道路。因此，这既是一个教育问题，又是一个具体的经济问题，必须认真研究，切实解决。吴贻芳认为，在制定教育计划和改革教育体制中，一定要注意青年的就业问题。比如，除考虑资金密集型行业所需的各种专门科学技术人才的培养外，也要考虑发展劳动密集型行业所需的各项技艺、技术人才的培养。发展劳动密集型行业，可以给青年以更多就业机会。青年人有了工作，还要在集体的组织中对他们进行教育。同时，还要使他们会劳动，尤其是没有经过专门技术训练的青年工人，要让他们学会本行的手艺和技术，并鼓励他们运用科学文化知识，在继承传统的基础上加以发展。

1981年6月，在中国共产党成立六十周年前夕，吴贻芳发表了《爱国爱党爱人民》的热情洋溢的讲话。在讲话中，吴贻芳追忆了在她八十多年的人生长河中经历的重大历史事件。她经过的重大事件中，新旧社会形成了鲜明的对比。吴贻芳认为，现在的一些年轻人，对物质生活、政治生活、精神生活总感到不满足，以为资本主义国家好，甚至把资本主义国家中的痈疽当做宝贝。这是不应该

◎ 吴贻芳和大学生在一起

的,是很危险的。吴贻芳从一个教育工作者的角度出发,认为应该教育青少年德智体全面发展,使他们将来能积极地为社会主义四化建设服务。虽然自己年事已高,但是为了教育好下一代,自己还是要到实际斗争中去找任务,以主人翁的态度干工作,要教育青少年,把个人的利益同祖国、党和人民的利益联系在一起,把个人的前途同祖国、党和人民的前途联系在一起,认清"没有共产党就没有新中国"、"只有社会主义能够救中国"的真理,爱国爱党爱人民,做社会主义现代化的促进派。

作为一名坚持"理论联系实际"的教育家,吴贻芳十分重视教师的教学方法,最早提出减轻学生负担问题。1956年吴贻芳参观了"省市制作教具展览"后,对参加全国首届"五一"先进生产者代表会议的江苏省教育界的代表说:"这些教具能帮助学生理论联系实际,容易理解公式、定理,记得牢,节省时间,使学生学得生动活泼,还能举一反三,启发学生们的创造性思维。"代表们告诉吴贻芳,那些教具大多是学生们结合理论学习,自己动手做的。吴贻芳听了很高兴,说:"这很好,他们在这种创造性的劳动中,既巩固了所学的知识,又创造了财富,还培养了自己热爱劳动的习惯。这和各位教师在教学改革中的贡献也是分不开的。"吴贻芳说:"一个好教师要培养学生爱科学,爱劳动,有远大理想。现在教学质量不够理想。课堂上,很多老师照本宣科地教学,学生回答问题缺乏自己的见解,大家没有什么争论,学生们只是为了在考试中的高分。这种状况必须得到改变,师生们要多接触,互相影响,采取师生合作的方式。教师要善于抓住时机启发学生思考,学生要独立思考,不能仅为考试而学习。知识要在实践运用中巩固。"

吴贻芳还鼓励大家大胆地提出目前学校教育中存在的种种弊端。在这位和蔼可亲的老教育家面前,大家开诚布公地说出自己的真实想法。吴贻芳认真听了大家的发言后说:"目前存在的问题很多,有的还相当普遍,相当严重。我们都要解决。一个重要的方法是提高学习自觉性和学习兴趣。小学生和初中生上课一般不记分不考试,学生可以根据所学的课程,自己提出问题,自己解答,然后通过教师启发,学生讨论,评定作业。在一定的时间内,教师要对每一位学生的学习进行全面鉴定,指出学生的优缺点和努力方向。要免去学生考试的紧张,减少分数的压力,使学生学得生动活泼。为了教好学生,你们必须深入理解、掌握教材,改进教学方法。要学习陶行知、陈鹤琴的教育思想。在学习的基础上创新,没有创新就不能前进!"

1982年,身为江苏省教育学会名誉会长的年近九旬的吴贻芳参加江苏省教育学会中小学外语教学研究会成立大会并做了题为《爱学生爱事业讲求教学方法》的生动演讲。她以自己年轻时当老师时闹的一个笑话为例,高度肯定教学方法研究的重要性。她说:"我是1914年开始教英语的,教了大约八九年,1922年到美国读书,改了行,学了生物学。我开始教书的时候,以为懂得一点英语,就可以上课了。第一年当英语老师,我有两个英文字母的发音分不清楚。一个是[l],一个是[n]。我出生在武昌,这两个声音是不分的。所以,在武昌讲,'你nai了没有'和'你lai了没有',都一样,分不清。有一年在南京东南大学暑期学校上了张士一先生的英语教学法课,才知道怎样分清 light 和 night。张先生叫大家记得发[l]和[n]的声音，都要把舌尖顶着上齿龈，发[l]的声音，要让气流从口腔里出来，但是发[n]的声音，气流却从鼻腔出来。只要舌尖放对了，气流的出路对了，就不必担心这两个声音发得不对。这样一来，我才懂得。这个笑话说明我那时候教英语没有一点研究，另外也说明像东南大学当年就有张士一这样的教授注重英语语音，讲求教学方法。"

接着吴老强调了当老师关键是要爱学生，爱事业："哪个老师教得好，哪个老师就能引起学生对将来的期望，对将来的理想，甚至对未来的幻想都可以有。学生清楚得很，孩子是非常可爱的。我记得有一年在北京参加全国政协会议，苏州中学教化学的许楠英老师和我住在一起。她在北京学习和工作的许多门生不忘记这位老师，不断地来电话，要来看她。我就给她接过不少次电话。她的学生，有的是研究生，有的做了研究员；有的头发都白了，还记得这位许老师。这就说明，学生得了哪一位好老师的教导，是终身得益，一辈子也忘不了的。我说学生对于老师的敬仰爱戴，是真挚的，深厚的。我们做老师的人，如果爱学生，即使学生顽皮，顶嘴，闹别扭，我们都不会生气。我们还会特别想法子来诱导他们走上正轨。所以，爱学生是每一个教师应有的心肠。如果对于孩子，特别是那些爱捣蛋的孩子，看见了心里就讨厌，要想帮助这些孩子走上正轨是不容易的。这几年，拨乱反正，风气变了，重视英语了。重视英语就有益。现在这样好的时机，当英语教师的人要本着爱学生的心肠教英语，就一定能教好英语。我们要爱自己的职业。不能因为是分配当个教师,只好做教师。只是把它当做分配来的职务,这还不够;要把它当做光荣的革命任务,把教英语当做是终身的职业,现在的中学生中间,将来当英语专家的不会多,但是,这许多同学总有百分之几要向个人的专业方向发展,从小学到中学,从中学到大学,并向研究院迈进。那么,凡是研究一门学问,无论是自然科学,还是社会科学,甚至于中国语言文学,英语都是一个必要的基础。有了这个基础,英文的参考书,就能看了。特别关于科学技术,党很重视。既然英语如此重要,英语这个基础的确要打好。英语教师不光要把英语教学当做一项职务,自己硬是要爱上它,因为英语教学关系到我国的四化建设。我们要把英语当做是促进各门学科,各项事业上升的基础。"

吴老祝贺中小学外语教学研究会的成立,希望有了这个组织,可以互通消息。不是把自己的宝贵经验当做祖传秘方,而是把深受学生欢迎的方法相互交流,使得更多的教师教好英语,更多的学生学好英语。

 潜心关注妇女儿童的发展

1955年1月,吴贻芳被推举为江苏省首届民主妇联执行委员会副主席。吴贻芳本来就在妇女界有崇高的威望,她当选这个组织的副主席,可谓是众望所归。1956年3月8日,吴贻芳在江苏省妇女界庆祝自己节日的大会上发表《妇女们,为了建设社会主义要努力学习文化》的重要讲话。吴贻芳认为,社会主义建设和改造事业离不开占人口总数一半的妇女们的努力,但是包括江苏省在内,中国由于几千年来的封建压迫,女性文盲的比例要比男性高很多,在江苏某些贫困乡镇,青壮年女性的文盲率几乎要达到百分之百,这样的情况,对于建设社会主义,是非常不利的。江苏的文化基础在全国范围内算是好的,我们要在五年乃至更短的时间内扫除全省文盲。要完成这样一个任务,首先要了解学习文化与建设社会主义的关系。只有学习了文化科学知识,才能提高生产技术,推动社会主义建设的迅速前进。妇女们不仅要在政治、经济上翻身,也要在文化上翻身,这样不仅能更好地建设社会主义,还有利于进一步争取妇女的彻底解放。吴贻芳十分重视妇女学习文化的正确方法,因为繁忙的家务是影响妇女学习的主要因素。根据各地的经验,吴贻芳认为,"家庭负担较轻的妇女,可以参加民校或班级学习。家庭负担比较重的壮年妇女,可以组成小组学习。例如,邻里之间组成学习小组,亲戚之间组成家庭识字小组,等等,都是很好的解决方法。"有了正确的学习方法,还要有坚持学习和苦学苦练的精神。吴贻芳要求各级妇女组织务必把领导妇女学习文化列入工作日程,向广大妇女宣传学习文化的重要性和必要性,让广大妇女都能自觉自愿地参加学习,并根据妇女的特点,帮助解决她们在学习中的实际困难。基层组织要负起组织、帮助妇女学习的责任,使她们能够坚持下去。吴贻芳寄语全省妇女,"争取在最短的时间内,摆脱文盲状态,使自己成为一个有文化的人,更好地为国家的社会主义建设服务"。吴贻芳的讲话极大地激励了江苏妇女学习文化的热情。

1957年9月,吴贻芳当选中华全国妇女联合会执行委员会委员。

1958年4月,吴贻芳赴维也纳出席国际民主妇女联盟第四次代表大会,作了《关于新中国儿童教育事业现状与发展》的讲话。在讲话中,吴贻芳向与会者介绍了中华人民共和国成立以来,中国儿童教育的发展情况:新中国成立以来,中国政府一贯重视儿童的教育,到1957年,学龄儿童的入学率已经上升到了63.7%,而1949年只有25%左右;中国政府不仅在短短的几年

◎ 1958年4月吴贻芳(右三)赴维也纳参加第四届世界妇女大会

时间内,使一般教育拨款增长了一倍,还帮助和鼓励群众自己办学;在少数民族教育方面,中国也取得了巨大的进步,很多地方

的民族学校都能使用本民族语言教学,有效地保障了少数民族儿童受教育的权利;中国的儿童有一个良好的学习和生活环境:全国各界人士都非常关心儿童的健康成长,儿童读物、儿童电影院等的存在也有力地促进了中国儿童的健康成长,等等。吴贻芳表示,她真挚地希望世界上所有的儿童和青年都过上幸福的生活,在愉快的环境中成长起来。中国妇女愿意与各国妇女团结在一起,保护儿童受教育的权利。吴贻芳的讲话获得与会者的一致好评,在听众中引起热烈反响。会后,各国妇女代表纷纷与吴老握手并交谈,热情赞扬新中国为儿童教育所做的一切。

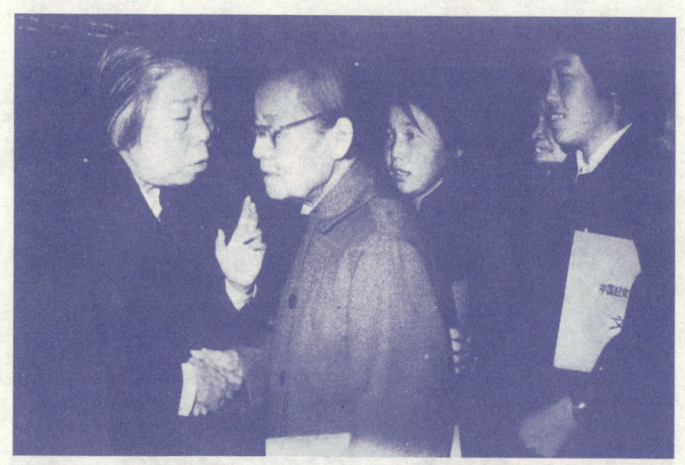

◎ 1978 年,在中国妇女第四次代表大会上,邓颖超与吴贻芳(左二)在一起亲切交谈。

1982 年,九十高龄的吴贻芳参加全国人大和全国政协会议,并在会上做了《为建设高度的精神文明而努力》的演讲。在谈到独生子女的教养问题时她说:"我想强调一下,就是要正确地对待独生子女的教养问题。由于实行计划生育,提倡每对夫妻生育一个孩子,今后'独苗'越来越多。可是据我所知,许多青年父母,缺乏育儿常识,对幼儿过分讲究饮食卫生和营养,甚至让幼儿吃不该吃的补品,这不但不能增进营养,反而容易引起疾病。家庭教育也很成问题,做爸爸、妈妈、爷爷、奶奶的,有八只眼睛盯着小宝贝,从小娇生惯养,百依百顺,过分地溺爱,使幼儿养成任性等不良习惯和自私心理。不少'独苗'进幼儿园后,与一般儿童表现不同,挑食拣穿,不愿合群,不爱集体,不肯劳动,不听阿姨的话,这种例子很多。我曾到工读学校参观,许多失足青少年犯错误以至于犯罪的根子,往往在于从小家庭教育不良。所以,我认为全社会都要关心少年儿童的成长,要普及科学的育儿常识,加强对独生子女的教养。要运用广播、电视、报刊等宣传工具,进行广泛的宣传教育,出版父母必读之类的通俗小册子。我想,在青年男女登记结婚的时候,就可以发给他们这种宣传材料。同时,师范学校的学前教育组,要很好地研究探讨教育独生子女的经验,举办独生子女教育讲座,培训幼教保育人员,提高他们的业务水平。对奖励独生子女的政策规定,也要合情合理,不要使独生子女从小就有'特殊化'的优越感,无形中造成对多子女家庭中孩子的歧视。总之,天下做父母的,都疼爱自己子女,但一定要懂得正确的教育之道。由家庭、学校和社会三方面配合对儿童、少年进行德、智、体的全面教育。"

1983年3月吴贻芳因病住院治疗。4月23日上午十点半,吴贻芳不顾医生的劝阻,带病参加了南京市鼓楼幼儿园建园六十周年庆祝活动。在鼓楼幼儿园,吴贻芳参观了幼儿园的设施,向工作人员详细询问了这里的情况,一再嘱咐幼儿工作者们要全心全意地为幼儿教育做出自己的贡献,希望一线幼儿教师能把每一个孩子都当做自己的孩子一样呵护,为社会主义事业培养合格的接班人。

吴贻芳还兴致勃勃与小朋友们一起做了简单的游戏,并且嘱咐小朋友们要听陈爷爷(陈鹤琴)的话。随行的医生一再劝说吴贻芳早些回到医院,因为大家实在不放心她的身体。可是,吴贻芳一直坚持到活动结束才回医院。吴贻芳感受到全社会都在关注幼儿教育,幼儿园的师资和设备也比以前好得多,孩子们在幼儿园里很幸福,她非常高兴。吴贻芳说:"看到孩子们这么幸福,我有再多的病也能不治而愈啊!"大家也发现,这天,吴老的精神状态格外的好,根本不像是一位已年过九旬、住院治疗的老人。

◎ 1980年,吴贻芳在"六一"儿童节庆祝会上与演出的孩子们合影。

5月8日,为庆祝江苏《幼儿教育》杂志出版,病中的吴贻芳又撰文:《着眼基础,面向未来,全社会都来关心和培育祖国的幼苗》。文中吴老强调了幼儿教育的重要性,认为它在教育体系中占有重要的位置。幼儿时期是一个人健康成长的奠基时期。这个时期如果能受到良好的教育,对人一生的发展都会带来有利的影响,所以必须注意从小培养儿童良好的思想品德和习惯,以便为社会主义现代化建设培养人才打下扎实的基础。这是关系到祖国未来的大事情。吴老深感国家目前幼教事业无论是从数量上还是从质量上来讲,都不能满足客观的需要。孩子入园难,幼教师资力量也很薄弱,这种状况亟须改变。吴老再一次地提及独生子女教育问题时说:"现在很多青年父母不会教育孩子,对孩子非常娇纵,特别是独生子女的父母,太溺爱孩子,把一切好吃的省给孩子;想尽办法打扮孩子;舍不得让孩子做他们力所能及的事。也有的父母管教孩子过于严厉,滥用惩罚。他们不懂儿童心理和教育方法。从这方面来看,家庭教育也是一个薄

◎ 吴贻芳和幼儿园的孩子们

◎ 1983年,吴贻芳与江苏省省长顾秀莲在一起交谈。

弱环节。因此,我们除了通过托儿所、幼儿园来对孩子进行正规的、科学的教育(目前做得还很不够)以外,还要在家长中大力宣传早期教育的重要性以及幼儿教育的原则和方法,以取得家庭教育的配合,共同教育好下一代。"

  1984年,在吴贻芳的直接关心和过问下,民进江苏省委员会幼儿家庭教育咨询服务部在江苏《幼儿教育》上开办了"家庭教育咨询"专栏。编辑部的工作人员恳请吴贻芳为新专栏题词,以推进这一有益的工作。以前,每当有单位或个人请她题词,她总是婉言谢绝。这一次,她竟然出人意料地爽快地同意了。她说:"这可是为了孩子们呀,破例一回是应该的!"然而,对于她这样身患疾病的九旬老人来说,题写一个字也不是件容易的事情。在医务人员的帮助下,吴贻芳斜靠在沙发上,请医务人员将一块特制的木板放在沙发的两个扶手上,当做写字台。她用颤抖的手握住笔,吃力地写下"一切为了孩子们的健康成长"十二个字。

一切为了孩子们的健康成长　吴贻芳

这一年,江苏省少年儿童福利基金会成立。吴贻芳当选为会长。虽然她已不能亲自参加活动,但是她坚持请基金会的同志们到她的病床前向她汇报相关工作。吴贻芳认真听过汇报后,提出了自己的指导性意见。她还口述信件动员金女大的海内外校友支持和关心基金会的工作。吴贻芳还主动要求将上级组织送给自己补养身体的钱全部捐给基金会。

三　与中国共产党风雨同舟、肝胆相照的朋友和同志

1955年3月,吴贻芳经过慎重考虑,一改多年来一直坚持不参加任何党派的初衷,参加了中国民主促进会。中国民主促进会简称"民进",成立于1945年。自成立开始,它就在中国共产

党的领导下,积极参加各项爱国民主运动,和中国共产党有长期密切合作的历史。民进的成员绝大多数是教育界、文化界的知识分子。在吴贻芳眼中,民进是一个讲民主、求进步、爱国爱党爱人民的民主党派,这个党派还很有文化积淀,在这个组织中,她可以更好地与教育界的人士在一起,为江苏的教育事业做出更多的贡献。这就是吴贻芳加入民进的原因。

1957年3月,中国民主促进会南京市委员会正式成立,吴贻芳任主任委员。4月,江苏省民进成立筹备委员会,吴贻芳当选为筹委会主任委员,后又当选为民进全国执行委员会常委。1962年1月,吴贻芳当选民进江苏省委员会主任委员。以后连选连任,直至去世。吴贻芳作为具有广泛号召力和巨大影响的领导人,对江苏民进的壮大与发展,起了十分重要的作用。

◎ 1960年7月,吴贻芳在中国民主促进会五届二中全会上发言。

自中国共产党取得政权以来,西方教会的一些领导人因仇视中国的红色政权,一再挑拨境内外一些反动教会和中国国内少数不明真相的教徒破坏中国共产党的领导和新中国的建设。他们的破坏活动在中国国内引起公愤,广大基督教爱国教徒义愤填膺,纷纷要求断绝与国外的关系,使中国的基督教徒改变在经济和人事方面受外国教会控制的地位。在这个前提下,中国基督教徒自己独立的组织——中国基督教"三自"爱国运动委员会呼之欲出。经过短期筹备,在多方的支持下,1954年在北京召开了第一届中国基督教全国会议,正式成立中国基督教"三自"爱国运动委员会。中国基督教"三自"爱国运动委员会的宗旨是:团结、教育全国基督教徒,热爱祖国,遵守国家法令,参加社会主义建设,坚持自治、自养、自传的原则,办好独立自主的中国基督教会。吴贻芳出任委员会副主席。从此,吴贻芳和全国其他爱国教徒与外国反动教会划清了界限,独立自主地发展着中国的基督教事业。

1958年5月13日,《光明日报》编辑部在南京召开高级知识分子座谈会,吴贻芳就当前社会上存在的一些党员领导干部不尊重知识,不尊重知识分子的现象,提出了尖锐的批评。她语重心长地指出:"在一些部门,有一些党员领导干部有'天下是老子打的,就该老子坐'的思想,对共同工作的非党员干部和群众看不起,不信任,并且不尊重甚至打压知识分子,这是非常有害于社会团结的。"吴贻芳说,天下是共产党打下的,但是包括知识分子和广大非党员干部与群众也是社会主义国家重要组成部分,也是爱国者。现在,社会主义建设需要调动人民的积极性,不尊重他们,就不能很好地团结他们,就打击了他们建设社会主义的积极性,这是非常不应该的!吴贻芳严肃地呼吁有关领导对这个问题给予高度重视,立即纠正这种不良倾向,以便更好地维护社会团结,促进社会主义建设。

在另一次公开的场合,吴贻芳毫不遮掩地表达自己对"大跃进"的看法。她说:"那种'只怕想不到,不怕做不到,只要想得到,一定做得到'和'人有多大胆,地有多大产'的口号,实在是太荒谬、太过头、太不切实际了。"对于报纸上天天出现的所谓高产数字和丰收喜讯,她根本不相信。她说,自己是一位生物学博士,知道科学是来不得半点虚假的。她对这种离奇荒诞现象背后潜在的危险表示忧虑。对于"大跃进"运动中出现的"全民炼钢铁,家家砸锅灶"的现象,吴贻芳说:"那是得不偿失的一种浪费。那些花费了巨大人力、物力而炼出的质量极差、派不上用场的钢铁,除了使钢铁产量的数字有所提高之外,没有任何实在意义。"她坚定地认为,各地一哄而起的群众食堂,更是一种想当然的做法。这种完全不切合国情民情的事物,其垮台的速度会比它兴起更快。事实也证实了吴贻芳的睿智。

在当时的历史条件下,吴贻芳这样公开表达自己的观点,是要冒很大风险的,再加上她性格耿直,有时候带有情绪,后果更是难以预料。有不少人怕她惹祸上身,好心地劝她多一事不如少一事,冒风险的话还是不说或者更委婉地说出来比较好。吴贻芳总是对这样的好心劝解报以微笑,不为所动。她曾对照顾她生活的保姆晋桂芳说过:"党和人民赋予了自己职责,自己就应该对得起这份信任,面对党在社会主义建设道路上的错误举措,自己怎么能为了个人的利益而隐瞒正确的观点,置国家和人民的利益于不顾呢？苟利国家生死以,岂因福祸避趋之？"晋桂芳没上过学,不能完全明白吴贻芳的话,但是她至少知道吴贻芳有一颗为了国家利益而不计个人得失的心,她做的和说的一切都是为了这个国家好。晋桂芳非常敬仰这位和自己朝夕相处的老校长。

◎ 1979 年秋,吴贻芳带领由江苏省政协、人大组织的检查团,到全省各地检查工作,这是在连云港视察。

1981 年 10 月 1 日,虚岁已经八十九岁的吴贻芳应邀参加了南师附中建校七十九周年庆祝大会。在大会上,她发表了热情洋溢的讲话。她说:"我在昨天同大家一样听了叶剑英委员长的重要讲话,感受是很深的。我们共产党向来是以国家的利益、全体人民的利益作为第一需要,而不谋一人一党的私利,这才提出与国民党以对等谈判促成国共第三次合作,完成台湾回归祖国的统一大业。当前世界的形势,需要我们正视今天的霸权主义者的全球战略,它运用侵略、威胁、控制、利诱等手段,不断扩张它的势力。近年来它侵略了阿富汗,利用越南侵占柬埔寨,就是现实的例证。我们中华人民共和国要以一个统一繁荣的社会主义强国,与世界上一切爱好和平的各国人民一道维护世界和平,制止世界大战的爆发。邓副主席说过,我们要对世界作出更多的贡献,就必须把国内事情首先办好。我想,为了完成祖国的统一大业,为了振兴中华,国共两党应当以诚相见,尽快实现第三次合作。我盼望蒋经国先生尊重人民的意志,顺应历史潮流,以民族大义为重,以国家利益为重,早下决心,捐弃前嫌,为统一祖国作出贡献。"

1983年7月上旬,江苏省政协五届二次常委会召开。当时年逾九旬的吴贻芳大病初愈,身体很虚弱。有关方面考虑到她的情况,建议她不要到会场来,会后会有专人登门去向她汇报会议的情况。但是吴贻芳放心不下江苏的发展,坚持要到会场开会。在大会工作人员搀扶下,吴贻芳来到了会场。她认真听取每一位同志的发言,时而做记录,时而陷入深深的沉思,以便会后能和其他领导同志共同研究问题。会议主持人考虑到她的身体状况,多次提醒她早些退场休息,但是都被她摇头拒绝了。吴贻芳坚决不搞特殊,一直坚持到会议结束。会议结束后,全体委员自发地起立向吴贻芳鼓掌致敬。

1983年11月,吴贻芳带病出席了在北京召开的民进中央第五次全国代表大会,并当选为民进中央副主席。在党和国家领

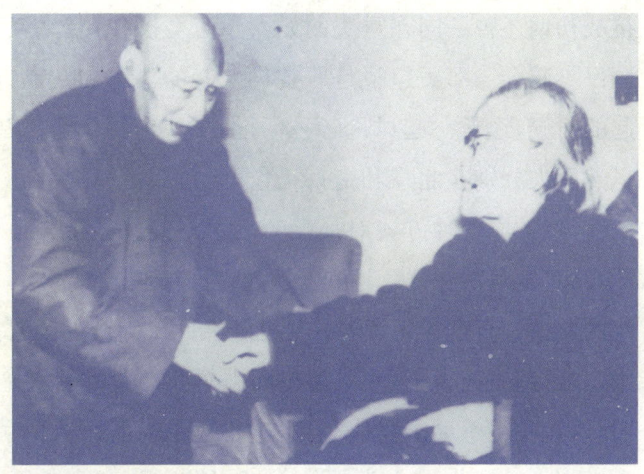

◎ 1983年,在中国民主促进会第五次全国代表大会上与叶圣陶亲切交谈。

◎ 1983年11月,吴贻芳在中国民主促进会第五次全国代表大会上讲话(左起:吴贻芳、赵朴初、周建人、叶圣陶)。

导人接见与会代表时,邓颖超特地走到吴贻芳面前,同她热烈拥抱,并关切地说:"知道您来了,我很高兴,您身体还好吗?我还没来看您哩!"吴贻芳听了,很是感动。她和邓颖超早就相识了,抗战初期还曾一同在重庆的妇女慰劳会工作,后来又同时进入国民参政会。邓颖超很是欣赏吴贻芳的才华和人品,两人在一起的时候,经常一起讨论各种问题,交换心得体会。建国以后,虽然两人分别在北京和南京工作,但是邓颖超很关心吴贻芳的身体,经常以各种方式对吴贻芳表示慰问。吴贻芳也非常敬重邓颖超,她每次在北京见到邓颖超,都感到非常高兴。两人几十年的友情一直这样延续着。吴贻芳在此次大会的闭幕式的发言中,非常感慨地说道:"邓颖超同志对我总是非常关心,非常关照,这让我很感动。我体会到,这不仅是对我个人的关心,而且是党中央对我们民主党派的重视,是肝胆相照,荣辱与共的写照,我认为这更增加了我们肩上的责任。"

1985年8月28日上午,民进江苏省委暨南京市委在南京北极会堂隆重召开大会,庆祝新中国首届教师节。吴贻芳不顾自己的身体状况,坚持要参加——她一定要与广大一线教师一起庆祝这个神圣的节日。看到老人的态度这么坚决,医护人员最终同意了她的请求,答应她可以到会,但是医院方面做了大量的准备工作,医院领导一再叮嘱大家,务必要照顾好吴老,不能有差错。

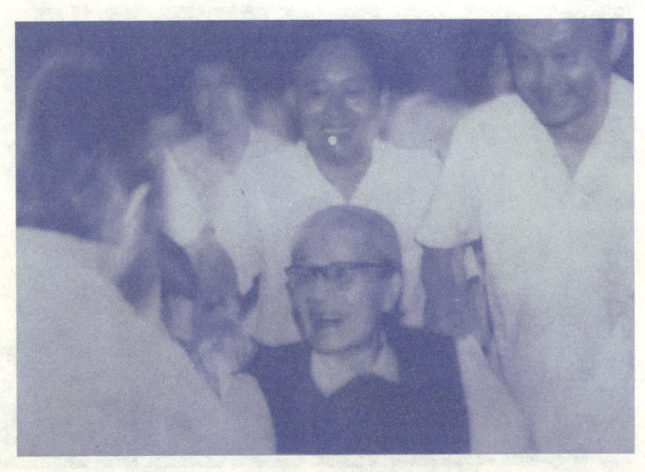
◎ 吴贻芳参加民进江苏省委会议受到热烈欢迎

大会当天,吴贻芳坐在轮椅上,由医护人员推着出现在会场。与会的教师代表纷纷起立为这位老教育家热烈鼓掌,人群中还不时发出欢呼声。大家深切地体会到了吴贻芳与广大教师的深厚感情。大家纷纷走到吴贻芳面前,向她致以节日的问候。吴贻芳非常高兴,她不断地和走到跟前的教师握手,也向他们问候,并不断地向站在远处、挤不过来的教师们挥手致意。接着,吴贻芳还发表了录音讲话《祝贺与问候》,讲话中,吴贻芳引用了赵朴初先生的《金缕曲》中的下阙,表达她对教师们的慰勉、感激和崇敬之意。"……幼苗茁壮,园丁喜,几人知,平时辛苦。晚眠早起,燥湿寒温荣与悴,都在心头眼底。费尽了千方百计,他日良材承大厦,赖今朝血汗番番滴,光和热,无穷际。"吴贻芳说:"近年来,我因年老体弱,住院疗养,难得和大家见面,借此机会,向一切一直关怀我的领导和同志问好,并表示由衷的感激。"录音讲话播完后,全场掌声雷动。看到吴贻芳已略显疲态,到会的

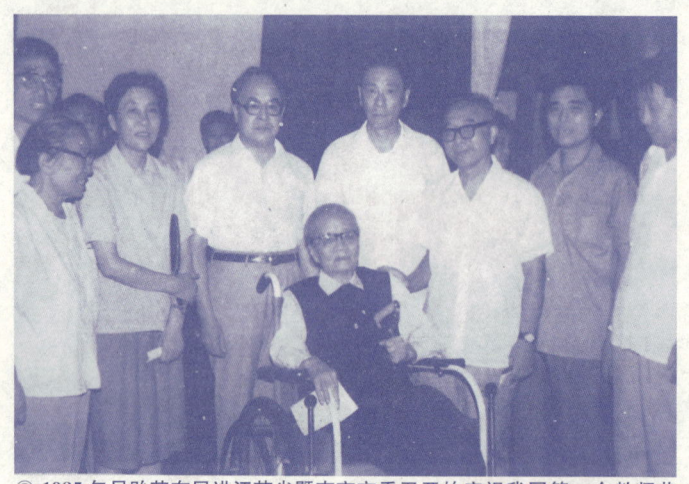

◎ 1985年吴贻芳在民进江苏省暨南京市委召开的庆祝我国第一个教师节大会上

光榮的崗位
神聖的職責
——賀首屆教師節
吴贻芳
一九八五年九月八日

◎ 为南京师范大学校刊的题词

江苏省委副书记孙颔和省委统战部的同志们多次走到吴贻芳面前，关切地请她提前退席，回到医院休息。但是吴贻芳说："不要紧，我坐惯了，这是庆祝我们自己的节日，我还要听听教师们的发言呢!大家都没走,我怎么能搞特殊呢。"就这样,她继续听着其他与会者的发言,并认真地思考着,直到会议结束。大家都没有想到,这是吴贻芳人生当中最后一次参加活动,也是她最后一次与教师们在一起。

◎ 吴贻芳在住院期间仍孜孜不倦地学习

　　吴贻芳是一个基督徒,为民国政府服务多年,为什么那样快地成为共产党的朋友,把自己全部的身心与新中国的命运联系在一起?关键在吴贻芳的身上有一颗高尚的中国心,一颗热爱自己的祖国,热爱自己人民的中国心。当她看到眼前的一群中国共产党人,严肃认真,公而忘私,清除旧社会的种种尘垢积污的时候,亲眼看到这些人脚踏实地地在为人民除旧布新的时候,她感动了,并且从中看到希望,燃起了热情。吴贻芳的崇高的爱国心,是她有勇气去认清现实,有决心去报膺真理的根本所在。

柒 享誉中外的『和平与智慧女神』

今天,密执安大学妇女校友会在这里隆重召开大会,授予我"和平与智慧女神"奖。这不仅是我个人的荣誉,也是给予我的祖国、我的人民,特别是我们中国妇女的荣誉。

——吴贻芳出席"和平与智慧女神奖"颁奖仪式答辞

促进世界和平　祖国统一

1955年2月吴贻芳担任江苏省人民委员会和中国人民反对使用原子武器签名运动委员会委员。全国人民一致响应世界和平理事会常务委员会的号召,踊跃地参加了签名。我国的科学工作者在反对使用原子武器签名运动中起了积极的作用,他们通过文字和讲演向广大人民群众介绍了和平利用原子能的卓越成就和前景,严正地指责了美帝国主义企图发动原子战争、破坏人类和平幸福生活的罪恶阴谋。自2月14日开始,在不到两个月的时间内,中国参加签名的人数就达到四亿零五十万五千九百九十七人。吴贻芳在这次运动中起很大的作用,她多次利用各种讲演的机会,向公众宣传党的外交政策和中国人民渴望和平、反对战争的心声。

1955年6月,吴贻芳赴芬兰赫尔辛基出席世界和平大会。在大会上,吴贻芳作为中国代表,与众多其他国家的代表一起讨论了世界局势以及如何进一步维护世界和平,反对战争,制止种族冲突等热点问题。

1956年10月,香港《大公报》发表了吴贻芳致留美中国学生公开信。吴贻芳给在美国的留学生的信中,深情地表达了希望留美中国学生能回国建设社会主义祖国的殷切希望。她说,最近她碰到几位刚从美国回来的留学生,他们像子女重回到母亲怀里一样,心中有说不出的快乐。祖国在突飞猛进中,千百种事业都伸出手来等待人才,他们都已愉快地按着自己的专长走上了工作岗位。他们所感到遗憾的是,原来远在异国时,对于祖国的情况是多么隔膜呀!他们的谈话使吴贻芳想起了仍在美国的中国留学生。吴贻芳认为,关于祖国情况的报道,哪怕只是一点点,在美的中国留学生也会喜欢听的。吴贻芳向学生们列举了新中国成立以来,祖国发生的种种巨变,祖国的建设需要各行各业的人才,高级知识分子得到了政府的重视和优待。吴贻芳期望能有越来越多的在美中国留学生早日回到祖国怀抱,投入到伟大的社会主义建设事业中来。

1962年1月以后,吴贻芳又担任了中国人民保卫世界和平委员会江苏省分会副主席、中国对外文化协会江苏省和南京市分会会长的职务。从此,吴贻芳就更忙了。她经常需要连续接待前来访问的外国代表团。为了促进祖国的对外交流和提高中国国际地位,吴贻芳不辞辛苦,认认真真地做好每次接待工作。凡是与她接触过的外国友人,无不对她那渊博的知识、热情友好而又不卑不亢的态度以及端庄的仪容留有深刻的印象。她为国家赢得了极大的荣誉,也大大促进了江苏省的外事工作。

1972年,中美关系有了重大发展。美国总统尼克松访华,中美两国还发表了中美联合公报。年底,两位来自美国的女士登门拜访了吴贻芳。她们久闻吴贻芳的大名,对吴贻芳非常敬佩,也很感兴趣,在拜访中问了吴贻芳各种问题,吴贻芳耐心地一一回答。吴贻芳分析和评价了中美两国的不同历史文化,回顾了中美两国人民的传统友谊,向客人介绍了这些年中国社会主义的伟大成就,还简要回忆了一下自己20年代在美国读书的经历。在回答如何看待自己在"文革"中受到的不公正待遇这个问题时,吴贻芳认为,自己其实没有遭受什么大的痛苦,自己真正关心的是国家和人民的前途命运。她希望大家都能本着朝前看的原则,体谅国家的困难,多考虑人民的利益。她还鼓励在美国的中国同胞,要始终不渝地热爱中华民族。吴贻芳流利的英语、高雅的风度、不计个人得失而心忧天下的胸怀,给这两位女士留下了深刻的印象,她们发自内心地更加敬仰这位历经沧桑的教育家。回到美国后,两位女士将她们拜访吴贻芳的过程和谈话内容发表在报刊上,引起不小的轰动。吴贻芳的话很大程度上消除了美国民众多年来对新中国的误解,加深了美国民众对中国人民的好感,也让在美国的吴贻芳的学生们为这样一位老校长而感到无比自豪。

1973年8月20日,由美国回国观光的原国民党"国大代表"缪云台先生来到南京拜访八十岁的吴贻芳。他们在建国前曾经有不少交往。时隔多年再次相见,感慨良多。在长时间的交谈中,缪云台先生发现吴贻芳仍像几十年前那样,有一颗火热的报国之心,对祖国和人民怀有无限的爱。吴贻芳也发现,缪云台先生虽然旅居国外多年,但是也非常关心祖国的发展建设。岁月催人老,但是并没有磨灭两位老人的拳拳赤子心。两人越谈越投机,不知不觉中,早已超过了约定的会谈时间。临别之时,缪云台先生感慨地说:"您还是当年的那个吴校长啊!"后来,在吴贻芳爱国之心的鼓舞下,缪云台先生毅然变卖掉海外的财产,离开美国回到祖国定居,受到党和人民的热烈欢迎,他还就任全国政协副主席之职,为祖国的和平统一大业做出了卓越贡献。

◎ **1973年8月,吴贻芳会见缪云台先生(中)。**

1976年"文革"结束后的一天,著名美籍华人赵浩生拜访了吴贻芳。赵浩生原为《中央日报》记者,他在抗战时期在重庆与吴贻芳相识,并多次采访过吴贻芳,抗战胜利后他还采访国共两党和平谈判,为国内和平奔走。1948年,赵浩生先后去了日本和美国,从此再也没有见到过吴贻芳。但是,吴贻芳高雅的风度和高尚的品质给他留下了深刻印象。这次回国,赵浩生特地赶到南京拜见吴贻芳,一是为了叙旧,二是想采访一下吴贻芳,因为他正准备撰写一部中国当代杰出妇女的传记,其中就包括吴贻芳。因此,他很想听听吴贻芳对自己最近几十年的经历,尤其是"文革"期间的经历有什么看法。吴贻芳高兴地在家中招待了这位老朋友。宾主在一起回忆了抗战时期大后方的艰苦岁月,国共和谈期间发生的一系列事情,新中国建立后二人各自走过的道路。当赵浩生问起吴贻芳"文革"时的经历和看法时,吴贻芳神情严肃地说:"'文化大革命'是整个国家和民族的一场大浩劫,无数善良、无辜的中国人都受到了损害和侮辱,自己只是其中的一个而已。比起那些家破人亡、妻离子散的人来说,自己已经非常幸运了——自己只不过去参加过劳动改造和学习班,被批斗过,还被红卫兵抄过家,仅此而已,至少生命安全还是有保障的,自己受到的'待遇'还算不错呢。现在,万恶的'四人帮'已经倒台,内乱结束了。中国人民应该做的事情是放眼未来,把精力放到社会主义建设事业上来,尽可能地把耽误的时间弥补回来,而不应该总是计较个人遭受的痛苦,抱怨个人受到不公平待遇,更不能对党和社会主义制度失去信心。有个别受过打击的

◎ 1979 年 6 月,吴贻芳会见哥伦比亚大学师范学院院长。

同志,千方百计地把自己的遭遇捅到国外去,这样很不好,这样只会有损伟大祖国的荣誉,影响海内外同胞的团结,耽误国家的建设,到头来还会贻笑他人,于国于民于己都没有好处。"吴贻芳的这一席话,说得赵浩生连连点头表示赞同。赵浩生觉得,眼前的这位老校长还和当年一样:依旧是那么正派、那么忧国忧民、那么不计较个人得失、那么仁厚大度……赵浩生回到美国后,将他与吴贻芳会见中的谈话内容写成文章发表在报纸上,使吴贻芳继1946年联合国制宪会议后,再次在美国引起轰动。

吴贻芳为了祖国的统一,到处奔走呼吁。她常说,孙中山先生是革命的先驱,为大陆和台湾同胞共同敬仰,因此几乎每年孙中山先生的诞辰日,她都要到中山陵去谒陵。吴贻芳说:"即使我走不动了,坐车上去也好,拍一拍照片,让在台湾的朋友们看到我期待他们回来的神情。"

◎ 1980年,吴贻芳接见国际友人约翰·汤姆逊。

1980年11月12日上午,吴贻芳与江苏省和南京市各界人士晋谒中山陵时,与美国友人约翰·汤姆逊先生相遇,故知相逢,备感亲切。汤姆逊先生本想约请吴老共进晚餐,吴老知道汤姆逊先生从小生长在中国,喜欢吃烧饼,当即约他在夫子庙永和园吃黄桥烧饼。吴老将美国友人介绍与记者认识后说:汤姆逊先生是中国人民的老朋友,他的父亲原在金陵大学教化学,母亲是金陵女大的校董。汤姆逊先生从小就对这位父母曾经的同事非常敬佩,没想到今天居然能在中山陵偶然遇到她。二人边吃边聊,非常开心。吴贻芳对汤姆逊先生的父母曾经对中国女子教育所作的贡献表示感谢,她祝愿中美两国人民的友谊地久天长。

接受"和平与智慧女神"奖

1979年的一天,吴贻芳突然接到母校——密执安大学妇女校友会的来函,通知她,本校本年度的"和平与智慧女神奖"已经确定授予她,并邀请她前往美国出席密执安大学的颁奖仪式。

一年一度的"和平与智慧女神奖",是密执安大学妇女校友会在1972年设立的,专门授予终身从事某项事业并取得杰出成就,为母校争得荣誉的密执安大学女毕业生的。奖品是一件纯银制作的工艺品:一根橄榄枝上安详地栖息着一只猫头鹰。那只猫头鹰用它那锐利而明亮的眼睛凝视着前方。橄榄枝象征着和平,猫头鹰则代表着智慧。

吴贻芳收到来函后,既兴奋又犹豫。兴奋的是,尽管自己已经三十多年未到过美国、未到过母校,但是母校不仅没有忘记自己,还对自己的贡献给予了极大的肯定。获得这个奖项不仅仅是她个人的荣誉,也是祖国的荣誉。犹豫的是,虽然现在"文革"已经结束,自己已经开始了正常的工作,中美关系也已经实现了正常化,但是,毕竟以前两国相互隔绝甚至敌视了那么多年,相互之间的理解还不是很全面,自己去美国的话,不知上级部门是否会支持。即使政府支持,到美国去势必要花国家一大笔资金,吴贻芳感到很不忍心。况且,她也担心自己的身体状况,自己已是86岁的老人了,日常的工作生活虽然问题不大,但是若是到万里之外的美国去,她真怕自己会坚持不下来。

中央领导得知美国方面的邀请后,非常重视,立即明确表示支持:吴贻芳赴美领奖是一件大好事,有利于中美两国的文化交流;吴贻芳在美期间还可以顺便访问一下其他地方,以增进两国人民的传统友谊。如果还有什么困难,政府一定会帮助解决。中央领导的表态,使吴贻芳大受鼓舞,她最终决定赴美领奖。

4月初,吴贻芳开始着手准备赴美事宜。她首先到医院做了一次全面的检查。医生根据检查结果,认为虽然她已是86岁高龄,但是身体各方面都还不错,没有大的问题,在有人照料的前提下,是完全可以乘飞机长途旅行的。

检查身体后,吴贻芳又在侄女、表弟陈嘉的女儿、南京工学院教师陈励先的陪同下,上街购买衣料,制作出国的服装。

4月中旬,吴贻芳来到北京。待吴贻芳稍作休息后,中央有关领导设宴招待吴贻芳,为她饯行。席间,中央领导对吴贻芳说:"您老这次访美,不作政治宣传,不要强加于人,主要是与老朋友叙叙旧,尽力增进两国人民之间的友情,加强相互的了解……"后来吴贻芳也是这么做的,并且取得了良好的效果。

4月21日,吴贻芳在她的学生黄续汉和一名女工作人员的陪同下,在北京登上了波音707客机,历经17个小时的航行,安全抵达巴黎。吴贻芳一行三人立即被中国驻法国大使馆派来的工作人员接到大使馆休息。紧接着,保健医生及时地为吴贻芳进行了全面的身体检查,结果比预想的还要好。这使得大家都很高兴,使馆工作人员立即将这一好消息通知北京方面。黄续汉还和吴贻芳开玩笑说:"校长,您可是一切都合格啊!"

在巴黎,中国工作人员安排吴贻芳一行休息一天,同时引导她们参观了巴黎圣母院、凯旋门、埃菲尔铁塔等名胜后,从巴黎乘飞机前往纽约。

4月25日,吴贻芳及随行人员安全抵达纽约。简短的休息后,她们又转机飞往密执安州的安亚伯城,即密执安大学所在地。刚到安亚伯,吴贻芳就受到了密执安大学校方代表、金女大校友、当地友好人士及华人华侨的热烈欢迎。许多金女大的校友时隔几十年再次见到老校长,忍不住喜极而泣。在安亚伯,吴贻芳感到一切都是那么的熟悉,一切都让人感到那么亲切。这里是她年轻时奋斗过的地方,半个世纪过去了,当年那个满怀报国热情的年轻学子,如今已经成为一位白发苍苍的老人。当年,她曾为母校感到自豪,今天,母校为她感到骄傲!

4月27日,密执安大学举行午宴,隆重招待吴贻芳一行。在明亮的宴会大厅中,聚集了五百多位应邀出席的嘉宾。席间,宾主频频相互举杯,整个宴席充满了喜庆的气氛。大家不仅为吴贻芳的到来感到高兴,也为中美关系的正常化感到高兴。

下午2点30分,密执安大学1979年度"和平与智慧女神"奖颁奖仪式正式开始。庄重典雅的大会会场悬挂着醒目的横幅,会场四周放满了五颜六色的鲜花,出席大会的嘉宾个个身着礼服,神情庄重。大家都在期待着该校这一年一度神圣时刻的到来。在会场中,吴贻芳成为众人关注的焦点。大家纷纷向这位为祖国教育事业奋斗了一生的老教育家投以钦佩的目光。

密执安大学代理校长阿·史密斯博士首先致辞。他热情洋溢地赞扬了吴贻芳博士多年来为中国的教育事业和世界和平事业做出的卓越贡献,密执安大学为有吴贻芳博士这样杰出的女毕业生而感到骄傲。致辞后,史密斯校长亲手将用英文镌刻着吴贻芳名字的"和平与智慧女神"奖授予吴贻芳博士。这时,整个会场沸腾了,全体与会嘉宾纷纷起立,向吴贻芳鼓掌致敬。热烈的掌声在会场中久久回荡。

◎ 密执安大学代理校长阿·史密斯博士致辞

接下来,是吴贻芳作答词。她用高雅且流利的英语激动地说:"今天,密执安大学妇女校友会在这里隆重召开大会,授予我'和平与智慧女神'奖,这不仅是我个人的荣誉,也是给予我的祖国、我的人民,特别是我们中国妇女的荣誉。"

◎ 吴贻芳作答词

接着,她还激动地介绍了新中国的建设成就和新中国妇女为国家做的贡献。吴贻芳充满自信和自尊的讲话,感染了在场的每一个人,讲话多次被热烈的掌声打断。最后,吴贻芳向密执安大学赠送礼品。礼品是一幅南京特有的丝织天鹅绒挂毯,挂毯上的图案由十只栩栩如生的仙鹤与苍松翠柏组成。这在中国有松鹤延年的意思,象征着中美两国人民的友谊地久天长。史密斯校长愉快地接受了这一意义深远的礼物。美国的多家媒体纷纷报道了吴贻芳领取密执安大学"和平与智慧女神"奖这一消息,许多年龄较大的美国公民还清楚地记得,这位获奖的女士就是三十多年前第一位在联合国宪章上签名的那位女士!吴贻芳又一次在美国社会引起轰动,吴贻芳的此次美国之行无疑为推动中美两国的交流做出了巨大的贡献。

◎ 1979年吴贻芳(前左一)到美国各地看望金女大旅美校友,前排右一为蔡路得教授。

领奖之后,吴贻芳一行在安亚伯休息了几天,于5月初返回了纽约。然后,她们又先后到格林斯波罗、旧金山、费城等地看望吴贻芳的老朋友和金女大的校友。每到一处,吴贻芳都不住宾馆而住在金女大校友的家中,与校友们同吃同住。这样,吴贻芳不仅为国家节约了资金,还借此机会与校友们在一起回忆往事、增进感情。

在佛罗里达州的格林斯波罗,吴贻芳首先去一家疗养院看望了早年的老师蔡路得博士。蔡路得博士当时也已经年近九十,但是身体还很健康。她见到自己昔日的学生时隔几十年还惦记着自己,感到非常激动,她与吴贻芳热烈地拥抱。吴贻芳也非常激动,她感谢蔡路得博士当年对自己学业的指导、对自己工作的支持以及对中国女子教育事业做出的巨大贡献。蔡路得博士深情地说,自己非常怀念美丽的中国,怀念热情、善良的中国人民,对中国这些年来取得的巨大成就感到由衷的钦佩,自己很想在有生之年再回到中国,看看当年的校园,见一见还在世的老朋友们。吴贻芳热情地邀请她将来一定要再回到中国看看。

吴贻芳还去探望了住在佛罗里达的另一所疗养院里的徐亦蓁女士。徐亦蓁是吴贻芳大学时期的挚友,在吴贻芳担任校长的岁月里,任校董事会主席的徐亦蓁也总是尽全力支持吴贻芳,可谓是吴贻芳一生的知己。新中国成立前夕,徐亦蓁离开中国到美国定居。随着中美两国关系日趋恶化乃至断绝交往,徐亦蓁与中国内地的交往也越来越少。但是,她始终没有停止对中国女子教育事业的支持,曾为台湾女中的创办作出了巨大贡献。70年代,已经失去了丈夫的徐亦蓁身体每况愈下,不得不住进疗养院。当吴贻芳见到她的时候,她是由护士推着从房间里出来的。此时的徐亦蓁,神志经常模糊,记忆力也很差了,甚至没能认出眼前的人就是自己的毕生好友。看到老朋友病成了这副模样,吴贻芳难过得忍不住流下泪来——眼前的徐亦蓁再也不是当年那个精力充沛、思维敏捷的徐亦蓁了!吴贻芳一边流泪,一遍轻声唱起了金女大的校歌,希望能用这种方法唤起老友的记忆。在自己的歌声中,吴贻芳仿佛又回到了自己的青年时代,仿佛又见到了当年那个引导她信奉上帝的好友徐亦蓁……

6月5日,吴贻芳一行又风尘仆仆地赶回纽约参加金女大校友每两年举行一次的双周年会。6月23日,吴贻芳一行圆满结束了在美国的访问活动,载誉而归。25日,吴贻芳顺利返回北京。

回到北京的吴贻芳,立即受到邓颖超、康克清等中央领导人的接见。她们纷纷对吴贻芳的成功访美表示祝贺,对她为祖国争得的荣誉给予高度评价。邓颖超还关切地问吴贻芳,访美的事务那么多,一定很辛苦,希望她能保重身体。吴贻芳高兴地回答说,自己一切都好,只要是为国家和人民做贡献,自己就不会感到累。吴贻芳刚刚回到北京,就参加了五届人大二次会议。

民进中央、全国妇联和教育部等各个部委也纷纷召开欢迎会或座谈会,请吴贻芳讲述访美的经过和体会。吴贻芳在讲话中,针对目前有些年轻人崇洋媚外的现象,语重心长地说:"现在有些年轻人,对物质生活、政治生活、精神生活总感到不满足,以为资本主义国家什么都是好的。我自己的切身体会是,资本主义国家未必什么都比我们好。大家不要老是羡慕人家,儿不嫌娘丑,大家起码要热爱自己的祖国。我这一代人年轻的时候,就很讲'国家兴亡,匹夫有责',如今国家正在建设四个现代化,这句话对现在的年轻人来说,仍然是很合适的,为国家的发展贡献自己的力量,就是每个热血青年的责任。"

在教育部召开的座谈会上,吴贻芳特别指出:"现在我国虽然有不少留学生在国外读书进修,但是其中有不少人的政治素质和业务素质都不够高,一进入西方的花花世界,就很容易误入歧途或难以完成学业;甚至,有的中国留学生连外语都不过关,在国外上课时什么也听不懂,这无疑是一种很大的浪费。我希望教育部门今后能高度重视这些问题,公派的学生一定要把好政治关业务关,外语也一定要合格才行。另外,对自费留学学成回国的人,一定要和公费留学回国的人一视同仁,发挥大家的专业特长,使得有才华的人都能为祖国的建设做贡献。"吴贻芳发自肺腑的话,使与会的教育部负责同志非常信服,他们纷纷表示,吴老提的建议非常中肯,非常有代表性,他们一定会好好解决,让存在的问题得到切实的解决。

回到南京后,吴贻芳发现,由于自己两个多月不在家,很多信都没有拆看,需要回复的有很多。于是,她就开始给来自四面八方的校友回信。其中一封给校友崔可石的信是这样写的:

可石同学:

多年未见,忽得来信,真是高兴。我是七月七日和江苏省人大代表、政协委员一起回宁的。这次去美国是因密校妇女校友会授予一个小奖品和出席金女大在美双周年会聚会的原因,以个人身份出去的。有黄续汉同学陪去,主要目的是叙旧友、交新友,未作正式参观,有忙有闲,所以两个月零两天后回到北京,朋友们都说我长胖了。年纪老了,很容易疲劳,恢复又较慢。回宁后领导们一再让我多休息,但总有客人来,有些单位让我去谈访美的观感,又出席了一周省政协全体会议,所以直到现在还没有完全恢复。领导上给了种种照顾,从昨天起让我在这个招待所隐居两周,我也希望借此机会写几封信。说老实话,我从离开安恩阿勃和其他城市,就没有写过信去感谢他们的招待,所以信债堆积如山。现在从容写起,因而先给你写了。

  在美会见许多女大校友,万分高兴。美国朋友也对我国真诚地友好,不过他们是不过问政治的。美国社会,自然是工业科技发展迅速,与我1945年最后一次访美相比大不同了,至于社会风气则往乱的方向走。电视节目,更是无奇不有。美国最基本的民主原则,友好待人的精神,以劳动获取报酬为生等进步面保持着;另一方面则有"不安全感",找工作困难,浪费大(他们的理论是多消费,多生产,多提供就业机会),家庭观念淡薄,男女关系混乱,吸毒等阴暗面。

  我发现,即使在资本主义国家里,政府也已经发现了群众的重要性,所以对穷苦群众的社会救济,医疗补助,发放食品券等,予以重视。但人们对纳税不满,认为"我们辛勤劳动所得,倒给那些不劳动的人坐享现成"。虽有种种不安现象,但是政治革命不会发生,已经获得权利的人民是要尽力保住的。

专颂

暑安！

吴贻芳
1979.8.13

其中可见吴贻芳对当代美国社会的中肯评价。

捌

凝聚校友力量　传承教育理想

校友们在教育、医疗、社会服务、科学研究等方面,一向勤勤恳恳,有高度的责任心,能与同事合作共事,因而得到了社会好评。

——吴贻芳1982年4月写给金女大校友的信

一 视毕业生为学校发展的宝贵财富

20世纪20年代吴贻芳主管学校行政之后，金女大开始重视和关注毕业生：一方面给毕业后参加工作的校友以帮助指导；另一方面则采取措施，加强与校友的联络，互通信息，了解情况，目的在于发挥校友在学校管理、支持学校发展等方面的作用。吴贻芳重视与校友的联络和发挥校友的作用，不是停留在形式上的联络，而是从精神上、情感上，从帮助解决工作中的实际问题上加以沟通。这是金陵女大对校友具有向心力、凝聚力的重要原因，也是吴贻芳在校友中享有崇高威望的重要原因。

为了加强与校友的联络,金女大于1924年6月创办了《金陵学刊》,每季度一册,其中一项重要内容就是介绍毕业同学的去向、变化。金女大在向国民政府注册后,于1933年出版《金陵女子文理学院院刊》,半月或一月一期,刊登校园新闻、师生文章、社团信息、校友消息等。这些刊物成为校友了解学校、情系学校、眷恋学校的纽带。随着毕业生的增加,一些毕业生相对集中的地区组织起了金女大校友会,这些校友会在宣传金女大,联系校友,增进母校情结等方面发挥了重要作用,使金女大与校友之间的联系有了组织网络上的保证。

李松龄 1949年9月,到北京参加中国政协第一次会议的吴贻芳校长,抽空来到华北人民革命大学(当时在北京简称"革大")看望在这里工作和学习的金女大校友。她先是到校友们的宿舍里问寒问暖,还问同学们的学习情况。李松龄和同学们围着校长问长问短,一直把她送出长满荒草的东操场,才依依不舍地道别。

汪安琳 1951年的一天,有金女大校友通知汪安琳说,吴校长来北京了,要和在北京的校友开个小型座谈会,汪安琳高兴极了,马上赶赴会场。吴校长在会上说,大家都是国家建设急需的人才,希望大家学有所成,多为国家做贡献。因为清华离会场很远,汪安琳要赶回学校工作,不得不提前和吴校长告别。吴贻芳对她说,很高兴,你能在清华教书。希望你工作上能取得好成绩,并注意在各方面提高自己的能力。

肖鼎瑛 1931年考上了金女大,上了三年学后,她的父亲以自己退休,无钱供应她上学为由,让她辍学了。吴贻芳对这个学生一直感到很惋惜,认为她很有才华。1980年,南京市筹办幼师,急需专业人才,吴贻芳想到了1931级的肖鼎瑛,认为她完全能胜任幼师的专业课教学,于是就向曹琬推荐了她。肖鼎瑛没有想到,半个多世纪过去了,吴校长还能记得她这个没有毕业的学生,还对她如此信任,非常感动。虽然肖鼎瑛当时已经70岁了。但是仍然去教了一年,而且干得兢兢业业。

黄续汉 1932年从金女大毕业,到上海的一所学校教英文。由于她在金女大学习时孩子气比较重,吴贻芳校长一直担心她教课时是否能控制课堂秩序,教学效果如何。因此,吴贻芳特请华群老师到上海出差时专程到黄续汉教课的班上去听了一节课。那天,黄续汉走上了讲台才发现华群老师坐在教室后面,她感到很突然,有些紧张。课后,华群老师对黄续汉说:"是吴校长要我来听你上课的。我看到你能很好地运用教育学方法和原理进行教学,课程教得很生动,效果较好。我回去后将如实地告诉吴校长,请她放心。"听了这话,黄续汉感到一股暖流涌上心头。几十年来,这段场景时常展现在的她眼前,对她的教育极深。

孔宝定 1939年毕业后,由校长介绍去了重庆妇女指导委员会,参加抗日救国工作。最使孔宝定终生难忘的是,吴贻芳得知她的丈夫1938年从燕京大学毕业后,尚在待业,竟表示愿意接受他去金女大化学系工作。可惜就在那时,他刚刚进入成都应用化学研究所,所以就没有去金女大工作。但是孔宝定夫妇对校长的关怀,永远铭记在心。

慕淑勤 毕业以后回到母校镇江崇实女中工作,直到退休都一直受到吴校长的关怀。1949年学校来了新领导,当时慕淑勤在校管财务,她在控制学校费用支出等问题上与新校长有了分歧,得罪了人。于是,后来在对部分教职员工工作作调整时,她在被调整之列。慕淑勤坚信自己是问心无愧的,因此对这样的调整感到不平,于是,她将这件事情反映给了吴校长。吴校长对慕淑勤的为人是很清楚的,她听了这件事后也很生气,亲自到文教局去说:不可叫慕淑勤走!她在学校那么多年,业务很熟练,和学校也很有感情。她是我的学生,她的为人我是可以打包票的!因为吴校长在教育界有很高的威信,慕淑勤最终没有被调动。

胡秀英 1975年5月的一天,吴贻芳在家中接待了从美国归来的金女大校友、哈佛大学终身教授、著名植物分类学家胡秀英博士。此时的胡秀英已经成为了驰名中外的科学家,可是一见到老校长,高兴得就像个孩子一样。吴贻芳看到当年的那个小姑娘已经大有成就,自然也非常高兴。第二天,吴贻芳宴请胡秀英,同时还请了胡秀英的同班同学。席间,大家围着老校长,有说不完的话。吴贻芳关切地问胡秀英:"你回来一趟不容易啊,想去南京的哪些地方看看呀?"胡秀英脱口而出:"我的脚要是能再沾上金女大的土,我就心满意足了!"吴贻芳说:"此外,我还建议你去参观一下中山门外的农业科学研究所,了解一下农业科技方面祖国的进步。"老校长无论何时何地,和谁在谈论什么,都忘不了祖国和人民,这使得在座的各位校友大为感动。大家纷纷表示愿意陪胡秀英一起去金女大原址和农业科学研究所参观。

胡秀英要返回美国了。吴贻芳还特意自己掏腰包,委托胡秀英的同班同学司徒美媛买了两件礼物交给胡秀英。一件是两只白色的椅垫,吴贻芳请胡秀英带回去送给旅美多年的老同学、老朋友徐亦蓁女士。因为吴贻芳听说徐亦蓁身体状况已经不好了,就以此祝愿她能够健康长寿;另外一件要送给胡秀英,是一幅万里长城图,吴贻芳祝愿她前程似锦,并希望她不论身处何处,都不要忘记自己的祖国。胡秀英回忆当时的心情:"感动得双手发抖接过东西。校长对事思考何等细致,用物的意义何等精深!用洁白的礼物送至友以表明坚贞雪亮的心,拿长城授学生以显示其发扬中华文化保护民族素质之志。"①

吴贻芳十分看重胡秀英在学术上的造诣,并积极向国内科技界推荐其讲学。1981 年 2 月 8 日在南京师范大学 100 号楼与校友聚会时吴校长说:"她先是到韩国讲人参的,讲人参的培养价值。她写信来给我说:既然到了韩国,这个路费有人出了。她说应当回到祖国来,看有没有地方需要去讲讲的。她提了几个人的名字,我赶快把信转寄给他们了。她回中国到了几个什么地方啊?到四川,四川大学请她去,四川大学请她去了以后呢,西南各省就都去了;后来又去了兰州,兰州嘛,那么西北各省就都去了。后来又到了哈尔滨和东北的几个省;最后到了南京和华东的各个省份。她到南京讲学之后,还要到安徽,还要到广州,还要到上海。到了广州呢,东南各省也都去了。那可以说,她是全国都跑到了。"正如胡秀英所感悟:"校长像只居高望远的鹰,其处境不免孤寂且时或忍受物质和精神的饥饿,其视野广阔,其所见是改变中的进步。"②

---

①② 《吴贻芳纪念集》,江苏教育出版社,1987 年版,第 161—162 页。

朱觉方 1981年初,吴校长夸奖她:"她是什么事情都晓得,中国的事情也晓得,世界上的事情也晓得"。1934年经济学系毕业的朱觉方校友带着儿子马卓波从美国来南京拜访老校长。进入客厅,她发现吴贻芳正在那里等着呢。介绍了儿子之后,朱觉方说,有亲戚可带儿子去附近游览,一个钟头之后来接我。吴贻芳立即回答说,时间不够!朱觉方说,那么两个钟头吧,吴贻芳说也不够。于是,朱觉方就打发卓波随便去玩,玩够了自己回旅馆。儿子走后,老校长就开始和朱觉方畅谈了。她们先是谈各自的工作、生活情况和其他校友的情况。过了一阵把话题推广,社会问题,国家大事,国际大局。朱觉方发现,老校长的精神好得不得了,真不像是个快90岁的老人。到了傍晚,朱觉方说,校长您累了吧,我该走了。吴贻芳舍不得朱觉方走,就说,我不累,晚上我只吃碗粥,你陪我吃了粥再回去吧,话还没

◎ 吴贻芳与旅美校友朱觉方夫妇

说完呢！于是,朱觉方就和老校长一起吃了晚餐。晚餐后老校长叫司机把朱觉方送回旅馆。朱觉方在车上大概算了算,她们谈了将近六个小时！那次长谈,令朱觉方终生难忘。

秦筱娴 1982年,回来参加南京师范大学80周年校庆的秦筱娴校友得知校长住院了,焦急地手捧鲜花赶到医院去探望。老校长瘦弱的双手紧紧地握住秦筱娴的手,亲切地叫秦筱娴坐到她的床边。她老人家通过与秦筱娴聊天得知了秦筱娴已经在大西北工作了三十多年,因为不适应高原气候,每当冬天气压骤降,就心脏病发作,以致数年来不得不每年回南方避冬,次年春天再返回陕西上班,且一直未能生育等情况。老校长听了,双眉紧锁,她深深地同情眼前这个已经年过半百仍在西北面临孤单困境的学生。老校长思索片刻后告诉秦筱娴说,当前南京对经济专业的人才还是很需要的,如果秦筱娴能够回到南京工作,对公对私都是有益的,并要求秦筱娴写一份个人简历留给她。秦筱娴照办了,辞别了她老人家后,秦筱娴就返回陕西上班去了。哪知她老人家非常热心地办起了这件事。1982年,在大雪纷飞的陕西,秦筱娴突然接到了江苏省人事部门发出的调她回南京工作的调令。秦筱娴很明白,一定是校长帮了自己,顿时激动得热泪盈眶。于是,秦筱娴于1983年年初辞别了三十多年的工业经济管理工作,离别了黄土高原返回南京。

敦促修复九烈士墓 1981年2月的一天,省政府有关负责同志向吴贻芳通报有关杨光泩烈士坟墓问题的情况。杨光泩抗日战争初期任国民党政府派驻菲律宾马尼拉总领事。由于他曾为中国的抗战募集巨款,遭到日军的痛恨。日本占领菲律宾后,对杨光泩进行种种威胁与迫害,杨坚贞不屈,大义凛然。1942年4月17日,日寇集体枪杀了包括杨光泩在内的九位中国驻菲律宾外交人员。抗战胜利后,九位烈士的忠骸由专机运回南京,于1947年安葬于南京菊花台。"文革"时期,烈士墓遭到破坏。杨光泩烈士的胞妹杨立林是金女大校友,而杨光泩烈士的遗孀是当年捐款重建金女大校医务室的严氏四姐妹之一的严幼韵女士。吴贻芳一向很重视杨光泩烈士坟墓的修复问题,听到省政府的这位同志介绍的最新情况后,马上提笔给杨立林写了一封信。信中告知立林:"我现在写信是告诉你有关杨光泩烈士的坟墓问题,昨天省政府的一位同志特来请我转告你。经过有关同志在好几个档案馆查阅旧档,居然查到了几件:一是国民政府蒋介石代主席于1943年9月16日发的褒扬命令;一是忠烈公园九烈士公墓园景布置略图,图上绘有九个坟墓和树木、小亭等等;一是九烈士的名单,上面注明是1942年4月17日被害。至于公园建设日期,档案却查不出来。

省政府多次派人去菊花台勘察,都找不到墓址和墓碑,最后一次遇到一个老人,他带着省政府的两位干部再次上菊花台仔细查找,认清了九座墓的原址,但墓碑已不存在。后来在右手最下面找到一被打破的墓碑,还看得出是'卢'某的名字。核对公墓设计图纸,完全可以肯定是九位烈士的墓地。省政府已决计修复杨光泩烈士之墓,不过从菊花台被破坏和荒废的情况来看,重新修复需要时间,今年清明扫墓是万万来不及的。据省委副秘书长估计,大概要到今年秋季才能修好,因为今年政府工作较多,还要经过南京市政府、区政府,手续较繁,不是短时间可以办完的,他对杨烈士的家属深表遗憾。"

在吴贻芳的敦促和江苏省、南京市政府的高度重视下,不久,九烈士墓的修复问题得到了圆满的解决。

◎ 南京菊花台九烈士墓

◎ 九烈士之一杨光泩烈士墓

给逝者一个交代 1981年,上海市委为一位在"文革"中不幸病逝的金女大校友开追悼会,并同时为这位校友平反昭雪。吴贻芳得知消息后,急忙打电话给方非,要方非去找她一下。吴贻芳当面详细地向方非介绍了这位校友在金女大读书时期和毕业后留校工作的情况和表现,认为自己有责任为她说明这一切,因为作为她的校长,自己是了解她的。经过吴贻芳和方非的反复考虑,最终决定用吴贻芳的名义发去一份唁电,这样,不仅可以在追悼会上宣读,而且死者家属也可以保存。在起草这份电文时,吴贻芳非常认真负责,一字一句地推敲,肯定了这位校友在新中国成立前后的表现,对她作出了正确的评价,澄清了"文革"中对她不符合事实的批判,充分表达了对她不幸逝世的惋惜和哀思。起草这份电文几乎花了半天时间,吴贻芳还总是不满意,一遍遍地修改,说一定要给逝者一个交代。最后,方非心疼吴贻芳,怕她把自己累坏,就说:"校长,已经可以了,您已经做了您所能做的一切了,不必再难受了,死者在九泉之下也可以安息了。这份电报我带回教育厅替您发出去。"吴贻芳含着泪,微微点了点头——方非看得出来,吴贻芳的心情依然很沉重,她深爱着她的每位学生,对每位学生都付出过慈母般的爱,白发人送黑发人,老校长心中的痛苦是可想而知的。方非离开吴贻芳住处时,吴贻芳又叮嘱说:"发这份电报的费用,你先以个人名义支付,不要在公费中报销,这是私事。也不用你的钱,下次见面我还给你。"方非久久地凝视着老校长诚挚的脸,很久,很久……

帮助解决校友的住房问题 1983年前后,有一位校友住房有问题,她认为应该尽快得到解决,决心要亲自给南京市市长张耀华同志写信反映问题,当时她已九十岁高龄,身体也不好,执笔时手不住地发抖了。方非在一边恳求她说:"校长,要不我替您写吧!您只要签个名就行了!"吴贻芳回答说:"那就由你替我起草一个信稿,我要自己亲笔写。"方非把信稿写好后,吴贻芳就在小书桌上认真地抄写起来。抄完后,细心的方非发现自己的信稿上有一个错字,吴贻芳已经抄上去了。方非忙说:"校长,错了一个字,你涂去改写一下就好了。"吴贻芳听了,严肃地回答说:"那不行,给别人的信涂涂改改的,是不尊重人的表现,我要重新抄写一遍。"方非看着她又用颤抖的手一字一字端端正正地抄写着,抑制不住心头的激动,几乎泪下。张耀华同志收到来信后,很快就解决了这位校友的住房问题。吴贻芳得知后非常高兴。后来她因病住院期间,还不忘记请方非一定要在新年前夕寄一张贺年片给张耀华同志,还要替她在上面写几句向他表示感谢的话。

总结金女大的办学成绩 1982年4月吴贻芳从广州避寒回来在家全休,写信给金女大的校友会提出了全面调查金女大毕业同学对社会做出了什么贡献以及关于设立"吴贻芳奖学基金"的问题。她说:"金女大毕业同学对社会做出了什么贡献,我想作个调查,校友们在教育、医疗、社会服务、科学研究等方面,一向勤勤恳恳,有高度的责任心,能与同事合作共事,因而得到了社会好评。例如,刘翼文同学,她在中学教学多年,退休回本县,和几位退休教师一起,筹集资金,借助社会上各方面的力量,从无到有,终于创办了幼儿园。既解决了双职工的困难,又培养教育了下一代,因而深得广大人民群众和家长的赞赏和支持。这就是校友们响应中央号召,为社会主义事业作贡献的具体行动。这仅仅是一个实例,还有许多同学在不同的岗位上做了很多工作,由于我们没有调查,了解很少,因此想全面调查一下。"信中

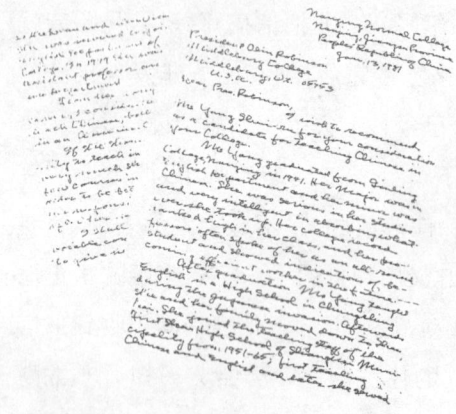
◎ 吴校长为校友写的推荐信

吴贻芳还谈到了不赞成设立"吴贻芳奖学基金"的理由。希望校友把金陵精神贯彻在每个人的实际行动中,并感染子孙后代以及所接触到的人。

1983年6月,年逾九旬的吴贻芳在她的学生、金女大校友朱绮的协助下,撰写了《金女大四十年》一书。在书中,吴贻芳回顾了金女大数十年的办学历程和学校不同时期各个方面的情况。由江苏教育出版社出版。这本书的出版,完成了老人多年的心愿,也为世人留下了一部了解金女大光辉岁月的珍贵史料。

吴校长时时刻刻将学生挂在心头,校友们也将校长视作自己的亲人。陈祥凤是1952届的毕业生。在吴贻芳的晚年,她对老校长非常关心。老校长喜欢吃椒盐花生米、麻饼,她就隔三差五地送去。老校长有一口好牙,嚼起花生米来非常有劲;吃麻饼是一口气吃完,不用喝茶水润口。老校长喜欢吃鱼虾,她买了烧好送去;老校长有事外出开会需要添置衣物,她代为买料子、量尺寸、找裁缝,能一次做好,非常合体。老校长的很多日常用品也是由她代购的。老校长人生中的最后几年,行动不便,腿很怕冷,她发现后马上赶织了一条厚绒线裤子,老校长很高兴地称赞"好手艺"。连校长洗澡也是她发动几位校友轮流去帮忙的。老校长生病的时候,觉得什么鞋子穿着都不舒服,她就连夜纳鞋底,做轻软合脚的布鞋给老校长穿。连吴贻芳的邻居和医护人员都说,虽然校长没有儿女,但是学生们可比儿女们还孝顺啊!

二 魅力无穷的校友会凝聚了校友力量

金女大的毕业生经常骄傲地宣称金女大校友会是"世界上最好的校友会",接触过金女大校友会的人也常常会被其极强的凝聚力所震撼,所感染,而吴校长及其"厚生"教育思想无疑是校友会凝聚力的核心所在。各地校友会,使金女大的校友们联络感情、交流思想、服务社会变得更加方便和有效。

1978年春节聚会 在南京鼓楼医院工作的校友甘克超回忆:"四人帮"倒台后的1978年春,大年初一我在医院值班,收发室说有我信,是傅厚岗15号吴寄。是吴校长的信!信中说春节快到了,又是寒假,校友大多是教师,能不能通知部分校友春节期间到我家来,人数不限,时间自定。前几年好多外地校友来南京看我没到,很歉疚……我看了信,心里又是欢喜又为难,校长这么信任我,可春节就这么几天,当时又没有电话。我和先生商量,大儿子那时19岁,小儿子13岁,大家都骑车出去跑,连环通知,找有联系的校友,然后每个人再通知其他的。时间就由我自作主张定了，没时间商量了，说好初三下午三点钟，在鼓楼红霞布店门口集中。我只能静观初三有什么结果。那天，我早早到那里等，一共到了 19 位南京校友。大家步行到傅厚岗，桂芳（保姆）开的门，说校长有准备了，现在她在睡午觉。厅里已经摆好了 U 型的桌椅，不一会儿看到她慢慢下楼，大家都高兴得大呼小叫。她说："不要说，不要说，让我看看，挨个叫出来。"19 个人只有一个没说对，其他的名字全对！19 个人，最早的是 1939 年毕业的卢宝媛，最晚的是 1952 年毕业的，中间间隔十几年！她是什么年龄的人！怎么能牢牢记住自己的学生！都摆在自己的心里！客厅里放着橘子、花生。她见湖北籍的就说湖北话，记得多牢！观察入微！有位同学（南京大学地理所的副教授，和我同届，叫黄瑞农）起哄："就这么点东西就打发我们啦?"吴校长说：都有的，都有的，就上楼去了。有跟上去的，有埋怨黄瑞农太冒失的。校长找来头几年卷起来的挂历，上面有山水字画（那时不兴大美人），拿刀裁下来，一人一幅画做纪念。黄还不依不饶，非要校长签字。她就一一签字。

1979 年南京校友新春茶话会　1979 年 2 月 1 日下午，省政协大院瑞雪未消，寒气袭人。然而在政协会议室里，鲜花盛开，满室生春，欢声笑语不绝，一派热气腾腾。省政协副主席、前金陵女子大学校长吴贻芳正邀请在宁校友举行新春茶话会。

近九旬高龄的吴贻芳，满面春风，笑容可掬地向校友们一一问好。她高兴地说："去年，大约有二十多位同学到我家来欢度春节，因为打倒了'四人帮'，甩掉了'臭老九'的帽子，大家心里乐开了花，才到我家来欢叙的。我估计今年来的人必然更多，我

◎ 1979年南京校友新春茶话会合影

的住处怕是不够大。我只有别出心裁,借政协大厅来做我的接待室,邀请大家围炉茶话,纵论天下大事。果然,今天有许多老校友冒着严寒前来,我想,理由只有一个:就是祖国欣欣向荣,蒸蒸日上,大家都要来欢庆这个具有特殊意义的1979年的春节。特殊意义在哪里?首先是全国工作重点的转移。今天到会的校友,有医生、工程师、文艺工作者,但多数是教育工作者。教育是科技的基础,提高教育质量,加速适应四个现代化的需要,多出人才,快出人才,这就是落在各位肩上责无旁贷的紧迫任务。其次,我要谈谈中美建交。昨天我在电视里,看到二百个华盛顿儿童,清晰、准确地歌唱《我爱北京天安门》,我很受感动。这是美国人民对中国人民真诚友好的声音。回忆去年12月16日下午四时,我突然接到美国来的长途电话,是我的母校密执安大学妇女校友会会长霍斯特打来的电话。南京下午四时,美国是清晨三时,霍斯特通宵未睡,使我十分感动。两星期前,我接她来信,知道她还经常为新中国做宣传演讲。台湾回归祖国,是全国人民的恳切希望。邓小平同志说:'中美关系正常化之后,台湾回归祖国、和平统一祖国的问题,有了更好的条件'。适应时代潮流,以'五四'运动的献身精神推动社会前进,这是知识分子的光荣传统。我知道在台湾也有不少金女大的同学,希望她们为统一祖国、建设祖国作出共同努力。"

吴贻芳的一席话,引起了与会五十多位校友们的共鸣。在南京师范学院任教的李政坤激动地说:"两年多前,吴校长绝不会邀请我们来开这样的茶会,我们就是接到了通知,也不敢来参加。今天到会的有1919年毕业的,有20年代的、30年代的、40年代的,我是1951年最后一届毕业生,今年也51岁了。大家济济一堂,亲如姐妹,返老还童,畅所欲言,这样生动活泼自由的集会,多年来见所未见啊。"

曾任金陵女子大学体育系主任、参加过奥林匹克运动会的黄丽明还当场读了一封美国来信。这封信是由现在美国的金女大同学孙淑铨写的。信上说:"我因久居在外,思念祖国,很想回中国居住,不晓得南京方面有无我可做的事……待遇不计,只要有个安静的地方居住。"黄丽明读完信说,可以断言,像孙淑铨这样渴望回来的人,在美国各地、在我国台湾绝不是少数。

在新春茶话会上发言的校友还有南京市教育局局长曹婉、南京大学副教授林福美、南京师范学院教师黄续汉、南京鼓楼医院医生甘克超等,大家三五人围聚一起,谈家常,叙衷情,无拘无束,兴高采烈。坚信明年再度欢聚的时候,一定有在美国的校友、在台湾的校友来共庆伟大社会主义祖国繁荣昌盛。

◎ 吴贻芳在会上提出重新成立校友会

不知不觉中,早已过了预定的散会时间,主持人不得不提醒大家,希望能让老校长早点回去休息。大家这才依依不舍地和吴贻芳告别。

1979年金女大美国校友会双周年会 金女大的毕业生大约有160多人在美国,大家每两年举行一次校友会,称双周年会。1979年既有双周年会,又恰逢金女大1919届学生毕业60周年,更巧的是,双周年会前,老校长吴贻芳又恰好到美国领"和平与智慧女神"奖,这一年对在美国的校友来说,真可谓是三喜临门。因此,不仅在美国各地的校友们个个表示一定要参加,就连不少远在加拿大、澳大利亚、新加坡、马来西亚和我国台湾等地的校友,也纷纷为了见一见多年未见的老校长,专程赶到纽约参会。有的校友甚至带上自己的家人一起参加,为的就是让更多的人见一见这位让所有校友都引以为豪的老校长。

校友们包租了一家大饭店的会堂,年会就在这里举行。当吴贻芳身着紫色旗袍、精神饱满地走进会场时,参加年会的所有人都站了起来,大家争先恐后地问候、亲吻、拥抱敬爱的老校长。吴贻芳也频频回敬大家的问候。大家都知道老校长在"文革"中受了不少委屈,多年未见,不知道老校长的状况究竟如何。当大家看到吴贻芳虽然已是 86 岁高龄,但是仍然像几十年前那样精神矍铄时,都非常高兴。有的校友竟然像孩子一样高兴得哭了起来。吴贻芳笑呵呵地拉着学生们的手,一一叫出她们的名字,还不时地说一些她们当年的趣闻轶事。吴贻芳好不容易在校友们的簇拥下走到座位前坐了下来。一位学生代表站起来对吴贻芳说:"校长,今天是我们大家的大喜日子,这么多同学和您在一起欢聚一堂,共同庆祝金女大首届学生毕业六十周年。多少年来我们就盼望有这一天,今天终于实现了。我们这些同学虽然早已离开了金女大,又身居海外,但我们的心无时无刻不在怀念我们的祖国,怀念金女大和您老人家。今天我们想再一次聆听您的教导,再一次在您身边重温做您学生的美好时光……"这位同学充满激情与真情的讲话,赢得全体校友的鼓掌赞同。吴贻芳爽朗地笑了笑,诙谐地说:"好啊,我今天就利用这个机会教导一下你们吧。"一句话,说得大家都笑了起来。吴贻芳说:"作为第一届学生从毕业到现在整整六十年了。六十年来我们的祖国发生了翻天覆地的变化,我有幸亲身经历和目睹了这些变化,使我深深地感受到个人的命运是和自己的国家和民族的命运紧紧联系在一起的。在这里我想与大家谈谈我一生中印象最深的几件事。"讲到这里,吴贻芳停顿了一下,会场一片安静,校友们聚精会神地听着老校长讲话,谁也不愿发出一点声音影响老校长的回忆。

吴贻芳接着说："第一件事情，就是发生在 1919 年 5 月的'五四运动'，当时我们首届毕业生正在准备毕业考试。但北京学生游行示威反对北洋军阀政府签署卖国条约的运动，深深地影响了我们。作为学生自治会会长，我带领全校学生走上街头，投入了这一场伟大的政治运动。学生的爱国行为得到了全国人民的支持，迫使北洋军阀撤去了卖国贼的职务，并拒绝在合约上签字，从而粉碎了帝国主义瓜分中国的阴谋。从那时起我就意识到，关在围墙里读死书是不行的，无论是个人还是学校都不能脱离社会不问政治。我们上街游行示威，当时的校长德本康夫人是不赞成的，她担心我们这样会影响学业，尤其是我们第一届学生会妨碍毕业考试。可我们照样进行了毕业考试，而且成绩很好。这使德本康夫人非常惊讶，后来她说，中国姑娘真了不起。第二件事是我在密执安大学读书时。曾有一位澳大利亚总理来学校演讲。他信口雌黄地说中国不能算是一个独立的近代国家，临近的亚洲国家应当就近移民到中国去。这使我非常气愤，我连夜写了文章批驳他。但是，请大家想想，他为什么敢在公开场合污蔑一个具有几千年文明的古国？还不就是因为我们这个古国经济贫穷，文化落后吗？从那时起，我就立志于'教育救国'。第三件事发生在 1937 年 12 月 3 日，这是我刻骨铭心的一天，也是我最痛苦的一天。由于日本侵略军逼近南京城，金女大被迫迁往四川成都。由于没有本国的轮船可乘，我们只好乘坐英国怡和洋行的轮船。那时候南京正遭受日本飞机的野蛮轰炸，空袭警报一响，轮船就赶忙从码头驶向停留在江中心的英国军舰,靠在旁边以求庇护。警报解除以后,轮船再回到码头。那天日机一共空袭了七次,轮船也从码头到军舰来回了七次。岸上那些手无寸铁、扶老携幼的百姓遭了殃,被日机丢下的炸弹炸得无处躲藏,只好往江里跳,活活被江水吞没掉。望着这哭喊连天惨不忍睹的场面,我的心都碎了,我的心在出血。同学们,大家想想,倘若一个国家强大、一个政府有用,它的人民会遭受这样的蹂躏吗?"

说到这里,会场上的空气变得凝重起来,每个与会者都显得非常严肃。吴贻芳转念一想,今天是个相逢的喜庆日子,不能搞得大家心里太难受,于是,她话锋一转,用舒缓的语气继续说:"1949年10月1日是我一生中最幸福、最美好的日子。我以第一届全国政协委员的身份,应邀登上了天安门城楼,站在离毛主席不远的地方,听到他用洪亮的声音宣布'中华人民共和国成立

◎ 1979年美国校友会与吴校长在纽约团聚

了!中国人民从此站起来了!'当时,我热血沸腾,泪水盈眶,激动得连声音也发不出来了。"说到这里,吴贻芳停顿了一下,继续说:"我这次访问美国,处处受到外国朋友的热情欢迎和盛情款待,也亲眼目睹了现在的华侨在海外的地位较之以前有了很大的提高,工作生活条件有了明显的改善。其中一个重要的原因,就是华侨的靠山、我们的祖国现在变得比以往更强大了,因而华侨也受到了尊重。我相信在座的校友们的体会一定比我更深。"吴贻芳还向校友们详细地介绍了新中国成立以来的建设成就和自己几十年来的生活经历和教育生涯。最后,她深情地说:"今天,我把自己一生中最深的感受都讲给你们听了,因为你们都是金女大的学生,又是身居海外的中国人。我讲这些,只是要你们了解我内心的痛苦、我的欢乐和我所体会到的幸福,希望你们能理解。"在场的各位校友都被老校长真诚的讲话和她那颗炽热的爱国之心深深撼动……

　　吴贻芳的话刚刚讲完,在场的一位台湾商人,突然站起来说道:"吴校长,您讲的都是大陆现在如何如何好,您知道现在台湾的情况吗?"对这种唐突无理的发问,大家都没有心理准备,不知道老校长会如何应对这种情况。吴贻芳对这位商人友好地点头微笑,然后平静而又肯定地说:"由于种种原因,海峡两岸这些年没有什么来往,近些年来台湾的情况我确实不太了解,但是我还是从报纸和电台上多少知道了一些。如果有人肯邀请我去台湾看一看的话,我倒是很乐意去的,百闻不如一见嘛。"吴贻芳几句睿智而又诚恳的回答,一下子打破了会场上紧张尴尬的气氛,连那位"发难"的台湾商人也不住地点头。

接着,大家在情意浓浓的气氛中共叙师生情、同窗情,一直欢聚到很晚。吴贻芳的此次访美引起了美国社会的高度重视和浓厚的兴趣。第二天,密执安大学的校刊评论道:"吴校长一如三十年前,仍以她那慢条斯理的讲话和温雅清馨的声调告诉我们她内心的激动和快慰。吴校长的思想敏锐不减当年,言词是温和中包含着无比刚强的教诲。"年会上,吴贻芳还特意自掏腰包,自己拿出 200 美元交给金女大校友、当时金陵女中的校长陈家蕙带回台北给金女中当教学经费。

在京校友第一次聚会 1979 年 6 月底,吴贻芳校长访美归来回到北京,受到了在京校友的热烈欢迎。应在京一百多位校友的热情邀请,出席了为欢迎她,并纪念金陵女大第一届学生毕业六十周年在莫斯科餐厅举行的茶会。

这是建国三十年金陵女大在京校友第一次举行的聚会,出席这次茶会的有该校 1926 年至 1951 年的毕业生和教师。大家对能在首都跟这位德高望重的老校长欢聚一堂,感到特别亲切和高兴。当八十六岁的吴贻芳满面春风,步履稳健地来到校友们中间时,全场顿时活跃起来,大家涌上去,把老校长团团围住,争着与她握手,向老校长问长问短。她们看到老校长身体还是这么健康,都非常高兴。吴贻芳对于能和这么多金陵女大校友欢聚,感到无限欣慰。她兴致勃勃地在茶会上作了历时四十分钟的讲话,谈笑风生,思维敏捷,而且一直坚持站着讲。当大家一再请她坐下时,她诙谐地说道:"我到底是教书先生出身嘛!"一时全场响起校友们欢快的笑声。

恢复成立大陆金女大校友会 1978 年,吴贻芳根据当时形

◎ 1979年6月底吴贻芳访美归来，北京金陵女大校友在莫斯科餐厅举行欢迎会。

势的需要，参考了在美国的金女大校友会的做法，在北京和南京动员恢复成立了金女大校友会。1979年8月15日，杨立林和几位校友受吴贻芳委托为成立上海校友会做筹备工作。经过三个月的紧张筹备，金女大上海校友会隆重召开了成立大会。京、宁、沪三地的校友很多，这三地校友会的恢复成立，使金女大的校友们联络感情、交流思想变得更加方便。

有一天，校友鲍蕙荪去看校长。她刚在校长身边坐下不久，她老人家就发话了："鲍蕙荪，我想请你做件事——"校长深邃的目光传递着火花，她说："你能不能把 We Are from Ginling 翻译成中文？不要直译，要译出精神来！"鲍蕙荪听了很兴奋，但不是很有把握，心想：那就好好去做吧！

从回家的路上开始，在往后大约一个星期的时间里，鲍蕙荪的脑际里不断翻腾着译稿。首先，她否定了"我们来自金陵，金陵是我们……"这样的译法,又否定了"我们要继承金陵精神""厚生精神必将永存"之类的干巴巴的口号。初步写完的一稿是:"歌唱吧金陵,笑吧金陵……"不到一天,自己又否定了。当时鲍蕙荪真的有点神经紧张了。她强迫自己冷静下来分析:在金陵的大家庭里,我们的自尊意识受到有力的激发,我们相信自己会终身服务于对社会有利的事业,有脊梁骨,有基础知识,有自学能力,身心健康,互帮互助。是的,一首短短的校园歌曲,以其独特的节奏、流畅的旋律集中反映了金陵女儿的自信心和积极性,所以百唱不厌,越唱越响亮。鲍蕙荪明白了校长的心思了!于是,她终于完成了两段歌词:

> 金陵的女儿欢聚一堂,为母校金陵同声歌唱,同声唱'金陵!金陵!金陵!',歌声嘹亮,传向四面八方!金陵的女儿欢聚一堂,年龄和专业互不一样,却有着建设伟大祖国共同理想,共同美好理想!

当鲍蕙荪怀着忐忑的心情拿着"试卷"去见校长时,没想到校长仔细看了两遍就点头认可了。她老人家笑得很开心,连声说:"好,很好。"鲍蕙荪请她提意见再修改,她却说:"让大家唱,大家提意见吧!""我们来自金陵"就这样传唱开了。每次校友会活动,大家最爱唱的就是这首歌了。

1980年金女大南京校友联欢 2月20日下午,正处于寒假的南京师范学院校园里,忽然沸腾起来了,三三两两的中年老年女士,鱼贯走入100号楼。大厅里张灯结彩,正面高悬着"金女大南京校友联谊会"的横幅,四周摆满了鲜花,呈现出一派生机勃勃、欣欣向荣的春色。吴贻芳几天前还被医生劝告要静养,因为毕竟她已经八十七岁了。可是她怎么也按捺不住兴奋的心情,本来定的是两点开会,她一点四十分就来了。八十三位校友济济一堂,有二十年代、三十年代毕业的老大姐,现在已两鬓染霜、儿孙绕膝;有当年在成都华西坝就读的老校友,还有抗战胜利后在南京就读的"大小姐",她们正是四化建设的骨干力量。校友、省教育厅副厅长方非来了;校友、南京市教育局副局长曹婉也来了。人群中还有个男校友,他就是原金女大的总务长、八十六岁的闵侠卿老先生。校友们有的握着老校长的手嘘寒问暖,有的搀扶着老校长就座。她们年龄迥异,心愿相同:热切盼望台湾早日回归祖国怀抱。

在热烈的掌声中,吴贻芳向大家祝贺春节好。她说:"恢复校友会活动,是众望所归。"她当场宣读了一位1938届的校友从上海来的信。这是一位全国三八红旗手,时隔四十多年,她仍然惦记着校友,希望加强联系,为统一祖国而共同努力。吴贻芳满怀信心地说:"我相信,在八十年代的某一天,我们黄帝子孙一定会结束长期分离的局面。"

南师党委副书记吴仞同志前来祝贺。他指指身边的南师党委书记杨巩同志说,吴老是1919年第一届毕业,那时杨巩同志刚刚出生,我还没有出生。像这样一位老校长,今天能继续在为祖国教育事业贡献力量,本身就很值得庆祝和欣喜。他代表南师党委对大家说,100号楼过去是金女大校址,你们是这里的主人,今天仍然是这里的主人。欢迎金女大校友会的常设机构就设在南师。校友们听了,激动地连连鼓掌。方非的一席话使得会场更加活跃。她说,昨天老校长交代我两个任务,一是要讲讲话。校长叫学生讲话,义不容辞;另一个是要穿件花衣服来,我翻箱倒柜只找到一条花围巾,于是就围上了。会场上一片欢笑声。她接着说,今天我走进会场心情很激动。1935年进校时我才十七岁,几十年过去了,校友们天各一方。但是,总有一天大家会从祖国各地、世界各地汇集来,举行更大规模的校友会。

校友甘克超代表校友会筹委会朗读了给在台湾的校友姐妹们一封信。信中追述了吴老去年访美归来的情景,许多校友得知在美国的同窗的近况,更勾起了思念之情:阔别三十载,天长音信断,同窗手足情,何时能相见?信中说:"为了促进国内外校友的相互了解,我们热忱地欢迎大家回祖国大陆来参观、旅游以

◎ 金女大上世纪20年代毕业的老校友刘恩兰、王耀云、邓裕志愉快地相聚,1980年代。

及探亲访友。我们坚信,在八十年代不远的一天里,金陵校友无论是在美国、加拿大、日本、东南亚各国的,还是在港澳以及在台湾的,一定能和我们爱戴的老校长一起,共度新春佳节。让我们共同努力,为这一美好的时刻的尽快到来而贡献自己的力量。"信刚念完,吴贻芳就兴致勃勃站起身来,由校友马幼梅、骆明仁等陪同走到大厅中央,带着大家用中、英文唱起了《金陵同学会会歌》、《团聚歌》、《我们来自金陵》等歌曲:"为善辅仁,同气同声,为母校,乘长风……"这歌声,时而激昂,时而悠扬,它将飞跃天空,飞向台湾,飞向海外……

1980年金女大上海校友会年会 1980年11月底,金女大上海校友会举行第二次年会,吴贻芳接到了邀请,她很高兴地参加了这次年会。在会上,她说:"我感谢大家对母校所表现的忠诚。回信都那么快,恢复校友会的工作都是那么认真,这就是我们金女大的金陵精神。从五十岁的小妹妹,到八十几岁的老姐姐,每个人都保存了这个精神,表现出高度合作的精神和对母校的忠诚。正如社会上对金女大同学的评价那样:金女大的同学做事认真,要么不答应人家,答应别人的事,就要认真负责。我回忆了在校的情况,学校当时有个传统,就是毕业生离校的前一天晚上,教师与毕业生在500号(楼)搞一个晚餐会,每个老师,包括校长都要说一个短的不太严肃的故事、短语等。有一次我说了一个谜语。现在再说一遍让大家猜猜:'象牙坛儿,紫檀盖,里边坐着一颗小白菜。'对了,是莲子,莲子洁白如象牙,象牙是纯洁的,紫檀木是很刚强坚实的木材。它揭示了做人的哲理,我们做人就是要心地纯真,要有自己的立场、原则,要有刚强的意志。但是，这珍贵的坛儿里边不是放的金银财宝，而是一颗小白菜，小白菜是普通的蔬菜，但是它有营养，贫富老少都离不开它。我们做人就是要像小白菜那样，做一个普通的人，平易近人，和大家在一起，勤勤恳恳为人民服务，让你的服务对象付出最少的代价，得到最大的实惠。正如刚才杨莲瑞同学所说的，大家在社

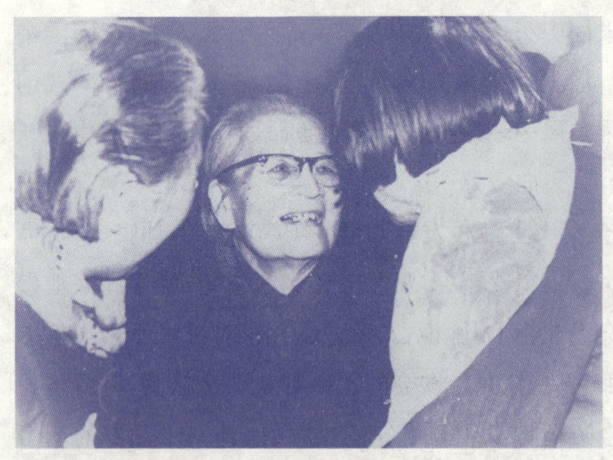

◎ 吴校长和校友在一起

会上都有所表现。所谓丰厚的生命，不是为一个人。从前我们讲服务社会，社会是前进的，事情是发展的，我们中国也是发展的。过去我们在美国读书时衣服穿戴得整齐些，他们就说我们是日本人。参观实习，有机密的地方允许中国人进去，而不允许日本人进去，说日本人聪明，会把他们的机密学去，说我们中国人不懂，看看就算了，不用提防我们。他们瞧不起我们中国人。现在不同了，出国学习的教师、学生不少，获得诺贝尔奖的也有我们中国人。"吴贻芳又介绍了政协、人大会议精神。她对"民主的大会，改革的大会"理解十分透彻。最后她说："假如说我们都

是普通的小白菜,我希望我们的小白菜都成长为大白菜,能够为人民作出更大的贡献。"

1983年海外校友代表团首次回国　1983年11月初,吴贻芳邀请金陵女子大学在美国和加拿大校友回国参加金女大创建70周年纪念活动。这是新中国成立后校友代表团首次返回大陆,队伍也比较庞大,连随同家属有40多人,团员中有金女大20年代至40年代的历届毕业生,年龄有的已经80多岁,最年轻的也已至花甲之年,其中不乏知名人士和有影响的人士。

11月8日,学校在100号楼迎宾室举行欢迎大会。这里原来是金女大的迎宾室,大家都感到很亲切。这天,吴校长穿着校友们赠送的新衣兴致勃勃地和校友们见面,这更增添了会场的热烈气氛。

当校友们一个个进入会场时,校友黄燕华忽然跪下,在大门口亲吻土地以表达对母校的挚爱,这种赤子情怀感染了大家,日后传为美谈。(2011年10月金一虹采访黄燕华时提及此事,黄燕华说:"我在金女大4年本科加留校6年,前后生活了10年!所以对金女大感情很深。1983年回国,一回到校园,我是身不由己跪倒。我对吴校长也是感情至深。当初我留校做了4年助教后,一次吴校长对我说:'黄燕华,你助教当了4年了吧,该升讲师了。'我就当上了讲师。当初我读完硕士是吴校长让我不要回来,接着读博士,我也很感激她。")

吴贻芳面带微笑,与在场的每个人打着招呼。她一一喊出学生们的名字,偶尔还能加上一两句她们读书时的调皮的趣语。大家见到多年未谋面的老校长,非常激动,有的校友甚至跪下来给吴贻芳行大礼。一位校友激动得热泪盈眶,哽咽着说:"校长,几十年没见了,想不到你还能记得我们呀!"吴贻芳深情地说:"自己的学生,怎么会不记得呢,记得记得!"

吴贻芳坐下后,开始讲话。她首先对大家回到母校来参加校庆活动表示热烈欢迎。然后,她深情地说:"这次回来,大家不要只是来看我,而要多看看自己的祖国,看看祖国的巨大变化和社会主义建设的巨大成就,了解祖国的发展情况。我希望你们为祖国的统一大业和四化建设出一份力。要记住,你们都是炎黄子孙啊!"

欢迎仪式隆重而简短,为的是留下更多的时间让校友们能够多走走,多看看,与老同学、亲友们多说些想说的话。每到一处,校友们都追寻着过去活动的踪迹:上课的教室、实验室、宿舍、体育馆……活动的高潮是老校长和国内外校友们在大草坪上合影留念。晚上,学校设宴招待代表团,此前,吴贻芳特别叮咛这次要请每位校友品尝一对家乡的大闸蟹。可是,时值深秋,南京市场上螃蟹已经下市,到哪里去采购呢?校友们想尽一切办法,最后,经归鸿校长的努力,大家终于在他的家乡阳澄湖采购到了大闸蟹。如愿以偿,宾主皆大欢喜。席间,各位校友与吴贻芳在一起继续畅谈师生情意、同窗情意,大家共同祝愿老校长健康长寿。

9日上午,江苏省省长顾秀莲在省政府会见了美国金陵女大校友会的二十多名代表,宾主进行了亲切的交流。会见结束后,各位校友来到傅厚岗15号吴贻芳的寓所拜访。吴贻芳提前就嘱咐晋桂芳做好一切接待客人的准备。她还特意换上了一件校友们送给她的蓝色有暗条的绸子新上衣,胸前别了一朵紫色的金女大校花,还围上了一条深红色的围巾,高兴得像个迎接新年的孩子一样。吃过早饭,她就端坐在客厅的沙发上,静静地等待着大家的到来。

◎ 1983年11月,金陵女大校友看望吴贻芳校长。

上午,刚刚受到顾秀莲省长接见的校友们来到了吴贻芳的寓所,屋子一下子被挤得满满的。在外漂泊数十年的校友,今日师生相见,别有一番情愫。学生们一起向前请安并呈上各自早已准备好的精美礼物。吴校长请大家坐下。大家几十年来积压在心中的话哗哗地喷涌出来,从校园生活到抗战时期在后方一起躲防空洞的情景,再到离开大陆后的情况……大家滔滔不绝地讲着,此情此景,感动着在场的每一个人。吴贻芳看到自己这些多年的学生们秉性照旧,非常开心,她认为自己当年教育学生的心血一点也没白费。

不知不觉中,到了午餐的时间。吴贻芳邀请大家吃自己家乡泰兴的特产——黄桥烧饼。校友们大多在海外很难吃到中国的小吃,因此感到非常高兴。吴贻芳准备的烧饼又脆又酥,还带有馅心,非常合大家的胃口,很多校友吃了还想吃。多亏吴贻芳想得周到,她提前就让晋桂芳为每位校友准备好了一份,让她们带走。

午饭过后,大家继续围着吴贻芳聊天、合影。忽然,一位姓司徒的同学拨开众人来到吴贻芳面前,一本正经地向老校长报告:"我奉陈琏采领队的旨意,代表全体同学对您说几句祝福的话。可是我想了一夜,也没有想出最能表达我们心意的话。老校长,干脆我代表同学们给您磕个头吧。"说完,司徒同学真的跪下来给吴贻芳磕头。她那认真的神情和风趣的话语把在场的人都逗得哈哈大笑。大家说着,笑着,直到华灯初上……

1984年旅美金女大校友访华团 1984年10月31日,旅美金女大校友访华团一行十六人及其家属来到南京,前往鼓楼医院拜见老校长。下午三点一刻,吴贻芳坐着轮椅,来到医院会客室与早已等候的十六位金女大校友见面。老校长见到校友们第一句话就是:"你们不远万里来到南京,还专门来看望我,令我感动。"校友们看到德高望重的老校长脸色红润,精神很好,感到非常高兴。在场年纪最长的校友八十七岁的谢纬鹏女士,由女儿搀扶着走到校长跟前,说:"校长,还记得我吗?"校长高兴地回答:"怎么不记得?当年你还是在金女大礼堂结婚的呢!"台湾金陵女子中学的毕业生戈定瑜也来到老校长面前问候。她脱口而出"吴奶奶"。这是她第一次来到大陆,又是第一次见到敬爱的老校长,因此感到格外高兴。她代表在台湾金陵女子中学的全体校友敬祝老校长健康长寿。校友们纷纷向老校长汇报自己多年来的工作和生活情况。吴贻芳感到非常欣慰。她鼓励大家说,全体金女大校友,无论是在国内还是身居海外,都要齐心协力,努力工作,为祖国的四化事业作出应有的贡献,争取使祖国早日进入国富民强的境界。

第二天,即 11 月 1 日,包括旅美金女大校友访华团在内的一百七十多名海内外金女大校友和许多南师大师生一起在学校的大草坪上等待吴贻芳的到来,大家要和老校长再次团聚。下午四点,吴贻芳乘坐一辆黑色轿车,来到 100 号迎宾楼前。她在南师大校长归鸿和医务人员的搀扶下,下了轿车,坐上轮椅,来到等候的人群中间。

许多校友看到行动不便的老校长,激动得泪流满面。谢纬

◎ 1984 年吴贻芳在校长归鸿的陪同下,到南京师范大学与海内外校友亲切会见。

鹏女士代表到会的校友们发言。她说:"今天我们看到老校长身体健康,心里那么平静,都十分高兴。现在我们姐妹们虽然天各一方,但却有一根无形的线始终把我们连在一起,这就是金女大的教育宗旨和老校长的教诲。老校长教导我们要爱人助人,我们一直牢记着老校长的话。金女大的成功,就是我们老校长的成功。请老校长放心,我们这些'小白菜'一定秉承您的旨意,牢记金女大的宗旨,在世界各地为金女大的名字争光!"谢纬鹏的讲话,道出了金女大校友的心声,激起了一阵阵热烈的掌声。

老校长该回去休息了,校友们一齐站起来,唱起金女大校歌,欢送老校长。吴贻芳依依不舍地让医务人员把轮椅推向门外。可是,校歌还没唱完,吴贻芳的轮椅又折回来了。在一旁的归鸿校长高声告诉大家,老校长不愿离开大伙,她还要说几句话。

吴贻芳望着自己的学生们,深情地说:"刚才谢纬鹏同学说我的心里很平静,我不能同意。今天到这里来,我的心里是很不平静的。本来,我以为来这里是和几个人见见面的,没想到在这里见到了这么多的姐妹。看到今天的情景,我想起了我做学生的时候。当时我们只有九个学生。那时有一位美国校长来讲演,他说:'现在坐在这座高大的房子里的只有你们九个学生,但是我看到的不是九个,我看见还有成排成排的学生在你们后头!在社会上!'这句话我一直放在心上。今天我看见了,在国内国外有我们这么多金女大的校友,我不感到孤单,我们的'小白菜'会越来越多。"大家默默地听着老校长这一席感人肺腑的话,会场上肃静无比,忽然,热烈的掌声响了起来,在会场里久久回荡。戈定瑜的泪水已经控制不住地流了下来:"吴奶奶,金陵女中的女儿们,将追随着您,让一颗颗小白菜在各个角落里繁殖开花!"吴贻芳听了,欣慰地点头微笑。

离别的时刻终于到来了。吴贻芳恋恋不舍地离开了会场。临别时,她回过头来对大家说,医生实在不能让我再待下去了,我对不起大家。大家听了,再次泪流满面。校歌再次被唱起来,大家用这种方式为老校长送行。

三 最后的礼物:"再办一个金女大"

吴贻芳在世的最后一年,考虑最多的就是"再办一个金女大"。她朝思暮想的是希望海峡两岸各有一个金陵,把全世界的校友都联系起来,把金女大的办学传统传承下去。

　　据甘克超回忆,1972年中美之间的坚冰打破,1981年全国人大常委会委员长叶剑英就关于台湾回归祖国、实现和平统一问题提出九条方针政策。吴贻芳的内心翻江倒海琢磨开了。在一次校友联谊会上她谈到:"台湾有一个50年代办起来的金女中,我们能不能再办一个金女大,以对应台湾的金女中,来促进两岸的交流?"吴校长让我们讨论,让甘克超和黄续汉做代表。分析如何发展女子高等教育。几个月后,办金女院的想法确定了。1984年她生病了,住进2人间的高干病房,请3个特护。开始状况还可以,教师节后身体状况急转直下。病重之前还常下地,穿皮鞋,整整齐齐的,端坐着,身前摆一小木板写字。她给甘克超看她写的信,说:"我现在有退步,这封信写的有错,但想不起来了,请你帮我修改一下。"甘克超一看,是写给亚联董的劳比先生,问教会资助的事,他是原来管高校经费。当时中美建交,有松动。英文是有点小错,但她那年91岁了!她脑子里想的都是办学!

　　住院期间,她首先向金女大南京校友会提出了办金女院的构想。经过深思熟虑、多方酝酿,于1985年5月11日正式向江苏省政府提出筹建金陵女子学院的建议。

　　省人民政府:
　　　　为了培养我省四化建设人才,体现高等妇女教育的特色,并通过原金陵女子大学在国外的影响和关系,打通南京师范大学与国外文化科学交流的渠道,我经过长时期以来的反复考虑,建议由南京师范大学增设一个金陵女子学院,性质是隶属南京师范大学的一个学院,公办民助。学制两年或三年。根据适合我省妇女服务社会的需要,设置专业如:中文,实用外语,营养学,儿童教育,生理心理学等。规模三年后最高达到二百到三百人。招生可在南京师范大学每年国家下达的指标计划中安排。以上意见我已征得南京师范大学校长归鸿同志的赞同。此建议当否请示复。

附上金陵女子学院筹备组建议名单,以便向国内外金陵女大校友会及其他方面通报信息,争取资助。

吴贻芳
1985.5.11

南京校友会请邓裕志校友(全国政协委员、全国妇联常委、中华基督教女青年会总干事、中国基督教三自爱国运动委员会副主席)带上吴校长致江苏省政府的信,分别呈送全国政协常务委员会、全国妇联书记处、国家教育委员会、全国计划生育委员会、民进中央、中国基督教三自爱国运动委员会、民进上海市委员会,以及邓颖超、康克清两位大姐,李鹏、林佳楣、雷洁琼、黄甘吴等同志。同时将此信呈送江苏省政府,中华基督教协会、爱德基金会、南京师范大学校长、丁光训会长。以期待得到有关部门及社会各界人士对办学的帮助、指导以及支持。

5月23日,吴贻芳在病床上口授了一封给众位旅美校友的信。信中正式向诸位校友提出增设金陵女子学院的建议:"今年秋季十一月是金女大建校七十周年,我建议做一件有意义的事,纪念我们的母校。我向政府建议由南京师范大学增设一个金陵女子学院,培养妇女人才。希望你们在双周年会时讨论讨论,大家献计献策。今秋我仅能邀请十五位校友归国观光,希望你们能将意见请他们带回来。"

◎ 1985年3月2日游中山陵梅花山时所摄(校长亲自签名赠各同学)

6月,在美国的金女大校友要召开双周年会,很多校友希望能获得吴贻芳的签名近照,吴贻芳知道后就将这件事记在了心上。她选了一张3月22日在香飘四野的梅花山照的相片。一百多张照片印好了以后,吴贻芳花了整整两个下午的时间,认真地一丝不苟地在每一张照片上亲笔签名。委托黄续汉将一百多张签名照片带到了美国。这100多份珍贵的礼物令校友们欣喜万分。回国后的黄续汉来到吴贻芳的病床前，带回了校友们对老校长的缕缕深情。吴贻芳听了，开心地笑了，轻轻地说："我也想她们啊，我真想见到她们啊！"

这一年的教师节过后，吴贻芳就一病不起了。9月20日，病情突然恶化。鼓楼医院的医务人员在各方面的大力支持下，对吴贻芳进行了全力救治。吴贻芳时而清醒，时而昏迷，各种生理功能已经显著衰竭——她即将走到人生的终点。

据校友方非（时任江苏省对外友协副会长）回忆："9月24日下午，校长又一次从昏迷中清醒过来，护士发现她的表情是急迫地想说话，但又说不出，脸都涨红了，马上去叫了在鼓楼医院工作的校友甘克超到她的床边。甘克超校友见她那十分急迫要说话的情景就连声问她是否想看谁。当她在校长耳边问到是否要找黄续汉、方非、曹琬时，她一一地点着头。甘克超校友立即打电话找我们三人。我们赶到医院，她那双焦急的眼睛看着我们，却一句话也不能说。我们三人仔细考虑了一下，想到我们都是长期在教育部门工作，就猜想校长专要找我们，一定是为了办学校这件事。我们又大声在她耳边问她：'校长，你是为了要办女子学院事找我们吗？'她点点头，可是仍不能说话。我们拿了纸和笔递给她，又大声说：'你把想说的话请写在纸上吧！'她用颤抖的手用力在纸上写着，可是写出来的只是一些弯弯曲曲的笔痕，我们一点也认不出她写的是什么意思。这时，曹琬就拿了一张纸，用工整的字体写了几句话，大意是：'校长！你是要向我们说有关办金陵女子学院的事吗？请你放心吧！我们一定努力遵照你的意思来实现这件事。金陵女子学院一定会办起来的。

你关心要有个 key person，我们都是你的 key persons。'我们把纸拿到她面前，用手指着纸上一行行的字，读给她听。她看着、听着，情绪平静了，微微地点着头……"

江苏省委的领导们了解此事后，也派专人赶到吴贻芳病床前，表示一定要实现她的心愿，全力支持金女院的建设。这样一来，吴贻芳才真正放心了，开始以平静的心态走向人生的终点。

11月1日，应吴贻芳邀请回国参加金女大校友会双周年会活动的海内外校友180多人，在痛苦和忧心中等待了整整一天后，医院方面终于允许极少数远道而来的校友，代表大家默默地围绕着吴贻芳的病榻转一周，再看敬爱的老校长一眼，以尽校友们的慰问之意。

这时，吴贻芳静静地躺在雪白的病床上，鼻孔中罩着呼吸器，血管里插着各种不同的点滴针，双目紧闭，面无表情，一动不动。显然死亡正一步步向她逼近。校友们知道，大家再也看不到那个神采奕奕的老校长了，老校长即将与大家阴阳相隔。大家都忍不住啜泣起来。遵照医生的嘱咐，大家在老校长身边大声呼喊，但是，老校长仍然没有一点反应。大家能做的，只有暗自祈祷，希望能有奇迹发生，老校长能再次康复。然而，奇迹没有发生，1985年11月10日上午8时30分，吴贻芳离开了她深爱着的学生们。

四　建设金女院　实现校长遗愿

吴校长逝世后,国内各地校友都没有一丝懈怠地关心着并为实现校长的这个遗愿而多方努力。经过江苏省政府、南京师范大学以及国内外校友们的共同努力,省教委于1987年3月正式批准在南师大下设金陵女子学院,第一年招生的名额从南师大的整个招生计划中拨出10名来试办,享受南师大学生的一切待遇。学校随即成立了金女院筹备小组,由方国才、梅若兰(金女大校友)、文秋芳、姜国定、鲍蕙荪(金女大校友)等人组成。

◎ 金女院筹备小组成员：梅若兰、鲍蕙荪、文秋芳、方国才、姜国定

◎ 金陵女子学院第一届学生（1987年）

◎ 金陵女大旅美校友首批到达南京，目睹"金陵女子学院"校牌高悬校门墙上。自左至右：陈琏采、黄续汉、喻娴才、谢纬鹏、袁爱莲。

经过调查研究，金女院初步决定试办实用英语专业，办学方式先依托在外语系，由外语系负责教学计划、师资、设备等，其他问题由学校统筹解决。招生计划公布后，报名相当踊跃。由于生源充足、素质较好，学校申请，由原定招收10名增加为20名。许多家长前来咨询，希望将孩子送到金陵女子学院就读。他们说："我们对吴贻芳校长十分崇敬，金女大国内外校友的良好教养和对社会的奉献精神赢得了人们的信任和赞誉。把孩子送到这所学校我们放心。"这是可以告慰校长在天之灵的。金陵女子学院实用英语专业于1987年首次招收新生16名。

关于筹建南京师范大学金陵女子学院的报告

南京师范大学　宁师大(87)9号

江苏省教育委员会并呈

江苏省人民政府：

　　根据省委、省政府领导同志的指示和金陵女大南京校友会的建议，为了秉承名誉校长吴贻芳的遗嘱，国内外统战工作和发展女子职业教育的需要，拟筹建"南京师范大学金陵女子学院"。该院由我校统一领导，为我校的一个组成部分，系我校按社会需要设立若干应用性较强，适合女子就业的走读职业专科班。学制两年。

　　专业设置将通过社会调查、论证后逐步增设。办学规模和每年招生人数将随美国吴贻芳基金会和国内金女大校友会集资情况而定。

　　一九八七年拟试招"实用英语"专业专科班10名，全部走读，纳入国家招生计划，经费（包括必要的开办费）请省按专科标准核拨。

　　专此报告，如无不当，请予批准。

南京师范大学

一九八七年三月十九日

关于同意筹建南京师范大学金陵女子学院的复函

江苏省人民政府办公厅

苏政办函字(87)25号

省教委并南京师范大学：

　　一九八七年三月十九日报告悉。省人民政府同意筹建南京师范大学金陵女子学院。该院是南京师范大学的一个组成部分，属南京师范大学领导。办学规模和每年招生人数，由省教委按照办学经费筹集情况和社会的实际需要，与南师大研究确定，逐步开设应用性较强、适合女子就业的若干专业。一九八七年试招"实用英语"专业专科班学生十名，参加全国普通高等学校统一招生考试，学制两年，全部走读。纳入国家招生计划，经费由省核拨。希加强领导，抓紧做好学院筹建和今年招生的准备工作。

一九八七年三月二十一日

　　为了促使吴校长的遗愿早日实现，美国校友会倡议设立吴贻芳纪念基金会，得到国内外校友的一致拥护和赞同，基金会的历任理事长和各位校友为筹集基金做了许多工作，如第一任理事长谢文秋大姐，虽已是耄耋之年，仍不顾高龄体弱，多方奔走；许多校友解囊捐款，汤硕彦等校友还捐赠房产，资助办学。国内校友虽然都是依靠工资收入生活，不少人也已退休，但为了早日将金陵女子学院办好,也尽了自己最大的能力。1934级的游戬校友,毕业后一直在江西一所女子中学教书,因双目失明已退休多年,收入菲薄,独身一人寄寓亲戚处。当她获悉成立了吴贻芳纪念基金会后,即将多年来省吃俭用节省的几十元寄到南京校友会,体现了她对发展女子高等教育、实现校长遗愿的一番热诚。

筹建金陵女子学院的消息传开以后,受到社会各界的关注,连一些素不相识的人也寄来了感人至深的信函,表示祝贺和支持。一位女工程师在信中写道:"吴老提出筹建女子学院,不仅是金陵女大校友的事,也是我们知识妇女界的喜事,我愿为之出力流汗,做你们的参谋。我如能在学院筹建过程中添砖加瓦就感到自慰,别无他求!"还有一位从事外语教学四十余年的离休老教授表示:"如果需要,我愿免收报酬为金女院上课,以此作为我对学校的一种赞助。"

利用国内外校友的捐赠,金女院在校园内建成了一幢教学楼。许多海内外的金女大老校友把自己的迟暮之年交给了金女院,如梅若兰、王韻芳、鲍蕙荪、甘克超、李振坤、袁爱莲、喻娴才……她们不计名、不计利,全身心地投入,传承着金陵精神的血脉。

经过20多年的建设,金女院坚定地奉行并成功地实践着建院之初的四大办学宗旨:继承和发扬金女大的优良传统,成为高等教育教学改革的园地;广泛地开展国际交流,成为培养高素质高层次女性人才的基地。学院师生奋发努力,积极开拓,抓住机遇,以发展求生存,以特色求发展。金女院从1987年只有一个

◎ 吴贻芳纪念基金会理事长翁袁爱莲女士看望金女院学生

专科的实用英语方向，到今天已拥有英语、会计学、财务管理学、劳动与社会保障、食品科学与工程、食品质量与安全等本科专业。拥有食品科学、农产品加工与贮藏工程、社会保障、社会性别研究、女性教育学、财务工程、教育财务管理等硕士点和专业方向。学院设有全国妇女/性别研究与培训基地、国家乳品研发分中心、江苏省家政学会、江苏省老年学研究基地、江苏省家庭服务业研究与培训基地、英国伦敦工商会考试局 LCCIEB 培训基地、金陵妇女发展研究中心、家教教育与社区发展研究中心、吴贻芳研究中心、老年学研究中心、金陵烘焙技术研究与培训中心、南师大会计与财务发展研究中心、乳品生物技术研究所、金陵营养与资源研究所等14个科研、培训机构。金女院的学科门类涉及文学、工学、工商管理和公共事业管理学多种学科，为培养复合型人才提供了有利的条件。

◎ 金陵女大新旧两代合影(1987年9月28日)。第二排左起第一人为南京师范大学校长归鸿。

学院从原先挂靠在南师大其他系科的第一届只有16名学生的办学单位发展成为在校本、硕士生1500多人,教职工80多人的办学实体。学院一流的语音教学室,先进的食品试验及加工实验室,模拟现代企业、融财会、管理为一体的会计与财务管理仿真教学实验室,为人才培养创造了良好的条件。学院与美国、加拿大、英国、日本以及港台地区的20多所知名学府建立了交流合作关系,为学生的成长和教师的发展提供了丰富的国际背景。金女院已成为全国办学层次最高的女子学院,并正在为成为国内一流、有国际影响的女子学院而奋斗!

在吴贻芳校长期盼的目光中,金陵的厚生精神将永远激励着金陵的师生们前行!

◎ 金女大美国、加拿大校友会

◎ 金女大北京校友分会

◎ 金女大南京校友分会

◎ 金女大上海校友分会

◎ 金女大四川校友分会

◎ 金女大云南校友分会

◎ 金女大台湾校友分会

◎ 金女大香港校友分会

玖

高风亮节　一代师表

"象牙坛儿紫檀盖，里边坐着一棵小白菜。"是吴贻芳最喜欢的一个谜语，生前多次让校友们猜谜，并诠释谜底之含义："莲子洁白如象牙，象牙是纯洁的，紫檀木是很坚实刚强的木材。它揭示了做人的道理，我们做人就要心地纯真，要有自己的立场、原则，要有刚强的意志。但是，这珍贵的坛儿里边不是放的金银财宝，而是一棵小白菜，小白菜是普通的蔬菜，但是它有营养，贫富老少都离不开它。我们做人就要像小白菜那样，做一个普通的人，平易近人，和大家在一起，勤勤恳恳为人民服务，让你的服务对象付出最少的代价，得到更大的实惠。"吴贻芳以莲子喻做人的哲理，赞扬莲子的品格。其实她本人就是一颗纯洁的莲子，谦逊、平易近人，为人民为民族鞠躬尽瘁。吴贻芳巨大的人格魅力令世人倾心。

一　　学生在她的心中

在那个年代,金女大的收费较高,食宿条件也比较好。因此,有机会上金女大的女孩子不多,吴贻芳上任后,很快觉察到这个问题,果断地改变了过去比较看重学生家庭出身,尤其是经济条件的做法,采取以考试成绩为主要的录取标准,不论考生来自何处,出身于什么家庭,是富裕还是贫困,只要是人才,考试成绩合格,她都一视同仁地给予深造的机会。不仅如此,吴校长还一再要求学生们不许歧视家庭条件不好的同学,进一步使同学们感悟到了校训"厚生"的精神。

战争期间,许多学生的家庭遭到劫难,经济十分拮据。吴贻芳采取种种措施,帮助陷入困境的学生:让学生在课余或假期做一些力所能及的工作,如打字、整理图书资料、收发信件、接电话、为学校采购物品、为体育课担任钢琴伴奏等,并由学校付给一定的报酬;同时又设立奖学金,发放救济物品和补助,帮助大家克服困难,使学生的学业不致中断。另外,在吴贻芳的力主之下,金女大还大大降低学费,对那些来自沦陷区的学生甚至免收学费。而学校短缺的经费,一方面由吴贻芳四处奔波张罗,向政府、社会募集款项;另一方面学校通过减少行政管理人员、提高

◎ 1949年秋的某天中午,王韻芳(左一)与同学周人康(左三)虞伯璆(左四)等在校园南山照相,遇吴贻芳校长(左二)。校长一一叫出了我们的名字,并对我们的特长也知道得很清楚。校长还说:"你们猜猜看我在哪里吃的饭?"看她们猜不出,吴校长指指学校大门:"在对门吃的炸酱面。"六十多年过去了,当时的一幕深深地留在了我们的记忆中。

工作效率的办法来节约开支。1938年金女大的行政管理人员就只有10人。许多教师都是身兼数职,加倍地工作。

吴贻芳校长对每位学生都十分用心,学生一到学校,就感受到"有一个家长般的校长在关心注视着你"。

陶庸 1935年华北危急后,陶庸离开燕京大学随家南下,转学到金女大继续学习。人生地不熟的她徘徊在100号楼下的新生布告栏前,心中有些迷惘。吴贻芳校长看到了她,就在背后亲切地问:"陶庸,从北京到这儿来学习,习惯吗?"陶庸很是吃惊,她刚来就有人能叫出她的名字,而且还是校长,这种感觉真好!

朱觉方 1930年第一次来南京市。她是来金陵女大上学的新生,吴贻芳有个惯例——接见每个新生,在校长室谈话,时间很短。过了几个星期,有一天,朱觉方跑步向300号楼赶去上课,忽听得有人叫她。她停下,向四面看看,原来吴贻芳在走廊里,向她招手,叫她过去讲几句话。她当时就奇怪,只见过一面,只有几分钟,校长怎么就认识自己,记得自己的名字?后来,才知道校长认识每个金陵学生,这是大家共有的经验。

谢宗昭 在金女大求学期间,谢宗昭和吴校长并没有十分亲密的接触,可是当时她会拉小提琴这个特长却被吴校长默默地、深深地记在了脑子里。很多年后,她已经踏上工作岗位多年,在一次去省里开会时巧遇吴贻芳校长,那时吴校长已是江苏省教育厅的厅长了,没想到吴校长一口就叫出了谢宗昭的名字,还亲切地问现在还拉不拉小提琴了,这样的问候让谢宗昭倍感温暖,感动不已。仅是这样一个微不足道的小细节,就让人深感钦佩,折射出了吴校长身上五彩光芒般的人格魅力。

◎ 谢宗昭从小喜爱音乐,进金女大后辅修小提琴。

吕锦瑷 来自山西交城一个贫困的农庄,在家乡因成绩优异被保送到北京贝满中学,并顺利毕业。后来她到铭贤小学教书。一年后,该校为其提供奖学金,吕锦瑷考入金女大。孰料,1934年该校因变故,只好停发她三、四年级的奖学金。吕锦瑷早年丧父,没有经济来源,暑期将至,她含泪准备退学。吴校长得知后,立即找到她说:"你很有才华,不能退学,让我来想办法。"不久,经过校长多方争取,由美国韦尔斯利女校捐助的一份奖学金到位了!吴贻芳马上给了吕锦瑷。

黄宜君 1936年进入金女大。当时她已经结婚了。1938年她生下了一个女孩,产后只有40天,她就乘飞机赶去成都,继续在金女大的学业。1939年她又生下一个男孩。当时,黄宜君住在城中的家里,学习在郊外的华西坝,往返距离较远,很不方便。黄宜君将这一情况告诉了校长,吴贻芳很重视,经过考虑后,允许她在校住宿。

李季谋 是1939年从湖南福湘女中高中毕业的。后来金女大在沅陵招生,同班的彭洪福、郭兆平、吴重华和她均被录取。但是金女大已经在成都办学,李季谋和郭兆平决定搭乘汽车去成都。她们经过贵阳到达重庆,下榻于女青年会招待所。在重庆她们人地生疏,举目无亲,无法觅车继续前行。开学在即,她们心急如焚,但又无可奈何!这时一位好心的女青年会干事告诉她们:吴贻芳校长来重庆开会了,她会告诉校长,有两位金女大新生滞留在招待所,无法赴成都。

隔了一天,李季谋和郭兆平意外收到一张便条,是吴贻芳校长托人带给她们的。吴贻芳叫二人同去找一位外籍教授,是个美国人，正准备接其家属去成都，她们可以搭乘他的卡车去华西坝。郭兆平的父亲是位牧师，恰好又与该教授同在神学院共事。她们俩像是绝处逢生，真是喜出望外！虽然卡车行驶在泥泞的公路上，她们坐在卡车上的行李缝隙中，仍然感觉颠簸难受，但她们为终于能够到达目的地而欢欣鼓舞！就这样，她们还不曾见到校长，却预先感受到了她对学生的关怀和爱护。

李季谋第一次见到校长大约是在到校十天后的一个黄昏，临到开饭的时候了，她从宿舍下楼来准备同大伙一道进餐。可能是她们几个从湖南福湘女中来的同学聚在一起，乡音难改而嗓门又大的缘故，吴贻芳走过来问李季谋："你是季明的妹妹吧？"李说："是的，是季明姐建议我来金女大念书的。"李季明是李季谋的三姐，1934年在金女大念的医学预科，后来考入协和医学院时曾获大奖，被人们誉为'金钥匙'。吴校长由记得李季明而猜出来妹妹李季谋，这给李季谋留下了深刻的印象。多年后，李季谋还记得这是其初次见到校长并与之交谈，她亲切而慈祥，笑容可掬。

龙襄文 1938年考入金女大。她在成都龙在参加军事训练时因骑马不慎右臂脱臼。不久，因为参加成都大学运动会的赛跑项目，她又失足而造成左臂也脱臼。当时龙襄文两臂都被石膏绑住，生活不能自理，十分狼狈，幸好有同房吴吉临同学帮助料理。吴校长知道了之后，将她那唯一的代步工具黄包车让给龙襄文用，自己步行去办公。当时，年轻的龙襄文竟然心安理得地接受了，坐在车上还洋洋得意。同学们看见了，纷纷要求龙襄文把黄包车还给校长，说她的双腿没坏，可以步行去上课。龙襄文只好去还,但是吴校长坚持不答应。她对学生的关爱真是无微不至!

当龙襄文1942年毕业后要离开成都返回上海时,吴校长用英文对她说了几句话,令她难忘。"襄文",校长说,"两个人赛跑,你总是会第一个到,因为你只会跑直线。但是你这样的性格,不易被世人所理解,你一定会吃苦。"龙襄文当时正承受着离别母校之苦,听了校长的话,哭着问她:"校长,我该如何改变我的性格?"吴贻芳说:"我不要你改,我很喜欢你这性格。但是别忘了,在你不被别人了解或遭受痛苦的时候,要忍耐到底。最后,人们就会知道你是好的。"就是这些话,让龙襄文离校后,每当走上了崎岖的人生之路时,甚至有时蒙受不白之冤时,都能有力量坚持到底,并最后取得人们的理解。龙襄文认为这主要得力于当年吴校长对她的恳切而中肯的教导。

陈尚璆 六岁的时候,因为髋关节脱节,感染骨结核,医药无法祛除她的病痛,左腿最终残疾。1946年,陈尚璆考入南京金陵女大历史系本科,从此和吴校长结缘,并且优先在金女大得到奖助学金,并能在学校打工挣钱。她在金女大期间,每周要三次到金陵大学听王绳祖教授的《欧洲历史》,在课间从宁海路奔到汉口路,总是累得汗流浃背,气喘吁吁,听课时精神不振。吴校长不坐汽车,只有一辆三轮车。她去金大时,在路上碰到陈尚璆,每次都叫陈尚璆坐她的车回去,以免这个学生奔波劳苦。有时陈尚璆发腿病,她就让陈尚璆免费住学校医院。平时吴贻芳常叫陈尚璆到她办公室或宿舍,询问她的健康情况。1948年初,吴贻芳给陈尚璆一笔奖学金。钱存在学校会计处,作为以后五学期的费用。每学期凭她的批条领用。她说,除交学杂膳费外,还可以用来治病,雇车去金大上课,或做点衣服,吃点营养品,以后不必打工,要专心读书,养好身体。对于陈尚璆来说,这真是喜从天降!

汪安琳 1949年1月,汪安琳的父亲去世了。此前将近一个月,她在家陪母亲并照顾病重的父亲。那时,家里很困难,她的营养本来就不足,加上连日操劳,显得很瘦弱,脸色苍白。回到学校,汪安琳遇见了吴校长,校长见她这个样子,就问出了什么事情。汪安琳告诉校长自己的父亲因为胃溃疡大出血去世了,母亲也病倒了。母亲要她返回学校,以免缺课太多。汪安琳的父母都是从事教育工作的,吴校长和他们认识。吴校长很关心地问起汪安琳的家庭经济情况。汪安琳告诉她说,家里的经济条件不好,父亲去世时是贫病交加,幸好有姨妈陪伴母亲,并帮她交了学费。吴校长安慰汪安琳说:"你不要着急,现在你念大三下学期了,必修课大部分已经完成了,以后的选修课比较轻松些。我让图书馆给你安排一份工作,如果还有课余时间,你可以给金女大附中的初中生补习英文,这样你每月的生活费就能解决了。你写信回家时替我问候你的母亲,希望她安心养病,早日康复。"汪安琳非常感激吴校长对自己的关心和照顾。隔了两天,图书馆就通知她每天下午去工作一个小时。她的课大部分在上午,下午的课余时间比较多。再加上她还给附中的三个中学生补习英文,这样一来,汪安琳不仅能自己解决伙食费,还能攒下一些钱。

张明忠 1950年酷暑的一天深夜,同学们大都回家过暑假了,寝室里只有张明忠独自一人。在图书馆整理散装的旧书籍劳累到大半夜后,她感到特别的疲惫难受。深夜张明忠胸部剧感不适,忽然大口大口吐出血来,惊恐的她四顾无人,只好自己跑到隔壁盥洗室去取来了面盆,躺下后又一口一口地吐血不止。她静静地躺着,仿佛是在等待着死神的来临。直到天亮了,她听到有女工在走廊上打扫卫生的脚步,就出去请她赶快去告诉居住在南山的两位老师彭洪福和李季谋大姐,她们都是长沙私立福湘女校毕业的,曾是张明忠母亲的学生。她们闻讯立即跑来看张明忠,并安慰她说:"不用害怕,有学校,有校长呢!",并将她的情况急告校长。校长让他们马上送张明忠去鼓楼医院治疗。就这样,张明忠住进了单人病房,每天注射当时极为昂贵的链霉素,一切护理都极好。五十年前,肺结核被认为是不治之疾,何况她还大口的吐血呢!对于一个未经世事,远离母亲的女孩子,该是一个多么沉重的打击啊!在生死关头,是吴贻芳校长伸出了温暖有力的手把张明忠从绝望中挽救了过来。吴贻芳的爱生之情,是一束照亮她生命的阳光。一位护士长知道了张明忠住院治疗的费用是校长给的时,曾问张明忠:"你和吴校长是亲戚吗?"张明忠回答说:"不是!我只是她几百名学生中的最普通的一名。"三十年后的1979年6月,北京校友在莫斯科餐厅为访美回国的老校长举行接风宴会。张明忠提前得到消息,恨不能马上跑到校长跟前向她诉说自己心中多年的敬谢之意。最后在全体校友排位准备照相之际,张明忠好不容易从簇拥的人群中挪到了前边。正巧站在前排校长左侧的第五个位置上,真是天赐良机!张明忠急忙跑到校长前,对当年老校长的无私救助表示感谢,虽然只是短短的三四句话,张明忠却激动得流出泪来。她从校长的眼神中发觉校长似乎已回忆起了一切,校长握着张明忠的手说:"……知道你后来身体健康,……工作也好,很高兴……"要拍照了,张明忠匆忙站回原位,心中充满喜悦之情,难以言喻。拍完照后张明忠目送校长上车远去,眼泪忍不住又流了出来。

二 关爱每位教职员工

李国鼎[①] 1930年从中央大学毕业主修物理,辅修数学。1931年9月,吴贻芳校长聘请他在数理系任教。那时学校师资甚少。他初出茅庐,为不辜负校长的信任,备课格外仔细,教书十分认真,上课前自己要做好多数学题。结果,他在金女大教书时做的题目比在中央大学念书时还要多!李国鼎1934年通过政府的第二届英庚

◎ 李国鼎

[①] 李国鼎(1910—2001)著名经济学家,被喻为"台湾经济起飞之父"、"台湾科技教父"。夫人宋竞雄为金陵女大毕业生。

款留学资格考试。放榜后,南开大学姜立夫教授约他面谈,问他的数学怎么会考得比录取留英专攻数学的还要好。他自己也觉得有些奇怪,仔细想来,那是得益于金女大三年的教学工作。那一次连同他在内,金女大一共有三位男教员获得公费出国资格。吴贻芳对此事是又喜又忧。喜的是她的眼光很好,能物色到年轻有为的教员,正像她说的那样,"我们学校规模小,请不到资深教授,但是我们还是尽力聘请学优而年轻的教师",李国鼎等三位老师就是很好的例子;忧的是,她感到要找到这样优秀且"廉价"的师资,就不容易了。尽管如此,吴贻芳依然鼓励三位老师出国,说不能耽误青年才子们的前途。

1937年12月,疲惫不堪的吴校长刚从日寇即将占领的南京赶到武昌(金女大战时办学三地点之一)。百忙之中,12月12日,她和物理系主任熊子璥教授一起出席李国鼎、宋竞雄(1935

◎ 1932年,吴贻芳与金陵女大全体教职员合影。前排左起第六人为吴贻芳。

届毕业生)的婚礼,为新人祝福。结婚证上写着"介绍人吴贻芳、熊子璥",这张证书宋竞雄珍藏了一生。对金陵女儿的婚礼,家长不在时吴校长就担任主婚,家长能出席时就担任证婚,而对同仁,就当介绍人,她真诚的嘱咐总能陪伴新人一生。

喻宜萱 美声歌唱家。1939年从战火中的云南绕道来到成都。吴贻芳闻讯后亲自赶往华西坝后坝去拜访她,请她出任金女大声乐教师。喻宜萱没想到自己刚从康奈尔大学毕业,就受此重任,因此深受感动。后来她除了教学,还举办音乐会,赴周边各地演出,大大丰富了战争中流亡学生的文化生活。

张素方 与同是东北流亡学生的华大牙医学系吴廷椿是一对情侣,两人分别于1940年和1941年毕业后都留在了自己学校工作。有一次,他们俩在金女大与吴校长相遇、相识。没过多久,吴校长就问起了他们的终身大事。在她的关怀敦促下,张素芳与吴廷椿于1941年11月12日孙中山先生诞辰日在万德门母校办公楼内的小礼堂由吴校长主持,举行了结婚典礼。小礼堂里坐满了两校的老师、同事、同学。婚礼后新婚夫妇在万德门楼前合影,然后大家至万德门楼后的小体育馆分享新人共同切开的婚礼蛋糕。这一切都是吴校长倾注爱心一手主持操办的。吴校长送给他们的结婚礼物是一套麻布川绣台巾和一方有"喜"字的白绸手帕。

1942年暑假前,兰州西北医院院长张查理来信约张素方夫妻俩到兰州去工作,特别提到了那里没有大学毕业的牙科大夫。张素方实在不愿离开母校,就去询问吴校长的意见。吴校长看了来信,想了想说,兰州没有大学毕业的牙科大夫,而这里大学毕业的牙科大夫成堆，你们还是应该考虑去的。再说，你们结婚才一年，延椿要是去的话，你不去怎行？还是好好想想吧。又过了两天，吴校长专门又找到张素方说，我想来想去，你们应该去兰州，要把祖国的需要作为自己的志愿。延椿应该去，他去了你不去，他怎么会安心啊？吴校长这番话里闪烁着哲理和智慧的光芒，使张素方开始懂得必须使自己的主观世界符合客观世界的需要，人生就是选择，选择的标准应是识大体、顾大局。于是，张素方于1942年暑假离开了母校的亲人们和美丽的华西坝校园，踏上了奔赴祖国大西北黄土高原的征程。

寿款变鸡蛋 1943年，吴校长五十岁生日时，正好赶上出国，巡回演讲十分辛苦，海外校友为她祝寿，并集资了一笔寿款，希望她能用来保养身体。可是这笔钱她一分都没舍得用，回国后，她悄悄地把这笔钱用于改善教师的营养，从此，早饭时每个

◎ 吴贻芳总是那样想到别人

老师都能吃上一个鸡蛋。抗战时期,物资短缺,日常生活条件比较艰苦,平时能吃上鸡蛋在当时就是件奢侈的事了。大家都明白,在金女大最困难时候,吴校长依然惦记着大家,希望教师们能健康地工作。

朱觉方　和丈夫马祖望1946年回到上海。吴贻芳知道后,就来到朱觉方家里,热情地邀请她返回金女大执教。虽然盛情难却,但是当时朱觉方有很多考虑,不能马上答应。到了1948年,朱觉方来到金陵大学工作。因为当时南京急需建立一所社会福利院,培养硕士级社会服务人员,需要两位有博士学位的教授。当时陈文仙和朱觉方正好都符合条件,而且都是芝加哥大学的毕业生,在一起工作很默契。当时陈文仙已经在金陵大学打下了基础,朱觉方为了与她合作,达到事半功倍的效果,就来到金陵大学工作。朱觉方怕老校长因为自己以前不愿来金女大工作而生气,就向吴贻芳说明了情况。吴贻芳听了,非常谅解,不但没有生气,还很高兴,夸朱觉方识大体。吴贻芳还很关切地询问朱觉方,家庭怎么处置。当她知道朱觉方是一个人来南京后,就建议朱觉方不必向金陵大学要房子住,住在金女大就可以。她只要求朱觉方能为金女大的学生开一门课。朱觉方很痛快地答应了,并高高兴兴地搬进了金女大的教员宿舍。这样,吴贻芳解决了朱觉方的吃住问题,使她不必为基本生活操心,省下了不少精力,可以专心工作。朱觉方从这件事中再一次感觉到,老校长真是眼界开阔,气量宏大。

程瑞芳　1952年的一天,吴校长突然来到上海严莲韵的家中。严莲韵是金女大1924届的毕业生,是吴校长的挚友。吴校长捧着一些细软,急匆匆地说:"你帮我把这些首饰卖掉,我有安排。"严莲韵接过首饰盒,看到其中装有珍贵且浸透着家族传袭之情的饰物,她不知道校长怎么会舍得变卖这些东西。但是看起来校长确实有急用,她就没多问,将首饰得掉了,并将所得的八百多元钱寄给吴校长。吴校长又从自己的工资中拿出了一部分,凑足了一千元,用来资助金女大的前职员程瑞芳。原来,1952年院系调整时,对旧人员不予录用,不发退休工资和生活费,程瑞芳一下子就失去了工作和经济来源。但是程瑞芳为金女大勤勤恳恳地工作了多年,吴校长实在不忍心看她凄惨地度过晚年,决心要资助她。但是吴校长个人薪水有限,只好变卖首饰。

黄丽明 1987年6月21日在吴校长追思礼拜会上发言说"我在校长领导下工作了18年(金女大体育系老师),校长未有一次对我有意见或指责过我。她信任她的同事。因此与她共事的人都有行使职权的自由,并能热情发展自己担负的工作。记得在'文化大革命'期间,我和全家被赶到鼓楼的大众殡仪馆里。那时所有相识的人,连亲戚朋友在内,都不理睬我们了。但有一天深夜、校长叫桂芳(吴校长的保姆)来探望我,那时我早已离开金女大,我深受感动。校长不仅仅对我如此,她对其他的同学、同事也是这样。据我所知,她每月的薪水有一部分是送给有需要的同学或同事的,同学或同事遇到困难请她协助,她都尽力而为,她是一位有爱心的校长,从1928至1952年的二十四年里,她辛辛苦苦、全心全意主持校务,学校是她的家,学校的一切是她的生命。我们当她的同事是很幸福的,我们不能不纪念她,学习她伟大的精神。"

三 简朴的生活

张素央留校后第一次见到吴校长的房间时,站在门口愣住了:"这是吴校长的房间吗?"校长必须到床边坐下,留出地方,才能让她进屋。房间里一床、一桌、一椅、一茶几、一衣橱,和大家一样。校长还与大家共用一个会客室。行政办公更是高效、节俭。金女大的行政办公用房,总共只有一大一小两房间。行政人员的大间是十五六平方米,校长的小间是一小窄条,只有六七平方米,靠墙中间放一张办公室,椅子背后只能挤过一人。靠门处放一把椅子为接待用。身为校长,除了因"改良脚"及工作需要有一辆人力车代步外,在个人生活方面与别人没有两样。有一次,吴校长要到四川省政府开会,省主席张群本来是要派小包车接送的,但是吴校长认为那样过于张扬,她坚持乘坐那辆半旧的黄包车往返。平时的三餐,她和一般人一样吃着粗茶淡饭,并不以为苦,长年累月过着苦行僧似的生活。

英文教师葛允怡回忆:一日晚间,校长叩门而入,和蔼地求她"办点事"。没想到,事情居然只是请她帮忙补两双穿破了的羊毛袜子。几个星期后,校长又一次光临。这次说她有两件羊毛衫,一件好的要外出应酬时穿,一件平日已经穿得很破了,没有替换,于是葛允怡又替她补了一下那件平日穿的破羊毛衫。

校长喜欢招待客人,尤其是每年的校庆。然而使大家感到幸福而丰盛的招待,不是大鱼大肉,而是她智慧的语言和丰富的阅历,她不但自己给客人讲解学校的发展近况,也喜欢听客人们讲解各方面的情况,特别是校友的成就。校长十分节省,宴会上常常只有两个菜,她自己过生日时往往只有一碗面,但是大家一起谈谈心得,气氛总是十分温馨。

1956年,组织上要给吴贻芳定一级教授,按照一级教授每月三百多元的标准给她发工资。她知道后坚决不同意,她说,自己既然已经是副省长了,就应该和大家一样拿行政干部工资,不应该搞特殊化。而当时,一级教授的工资要比副省长的高很多,吴贻芳就这样放弃了更高的收入。

郑璞君是1964年调到民进江苏省委机关工作的。郑璞君第一次走进主任委员吴贻芳的办公室时,吴贻芳热情地欢迎了她。吴贻芳给郑璞君的第一印象是:仪态端庄、面目清秀、精神矍铄。吴贻芳紧紧握住郑璞君的双手,亲切地端详着,并拉郑璞君坐到她身边,在详细地询问了关于他的情况后,吴贻芳高兴地说:"你是教师,又是从杭州来的,我们是同行兼同乡啊!民进是搞党派工作的,主要对象是中、小学教师。你以前当过教师,一定会和大家有共同语言的。我相信你会热爱这个工作,会搞好这个工作的。你在机关里最年轻,就叫你小郑吧!"顷刻间,郑璞君原有的不安、腼腆和拘谨都被吴贻芳的热情接待打消了。在郑璞君看来,吴贻芳不仅是一位老教育家、老领导,还是一位和蔼可亲的长者,吴贻芳身上有着令世人倾心的巨大魅力!

郑璞君渐渐发现,吴贻芳不仅一生没有组建家庭,日常生活也简朴得出人意料,完全不像是位高级干部。卧室里只有简简单单的几件老式家具,还是新中国成立前金女大的校友们赠送的。床上的被褥也有不少年了。郑璞君看吴贻芳的物质生活还不如平民百姓好,就开玩笑说:"吴老,您怎么总过着清教徒式的生活呢?"吴贻芳诙谐地回答:"我原来就是个虔诚的基督教徒嘛!再说,这些东西看起来破旧,可是我觉得分外亲切,因为它们都代表了学生的心意啊!"她还抚摸着一条用绒线编制的旧线毯,深情地说"千针万线,千线万针!"

1965年年底,吴贻芳出任江苏省各界人士春节慰问团副团长,亲自率领慰问团到省内各地慰问中国人民解放军。所到之

◎ 1962年春节,吴贻芳(左四)率江苏省慰问团到徐淮地区慰问,这是视察大黄山煤矿后与当地干部的合影。

处受到当地驻军的热烈欢迎。在慰问活动中,吴贻芳多次向部队官兵发表讲话,向他们致以节日的祝贺,勉励他们保家卫国,为祖国再立新功,并与解放军指战员们欢聚一堂,共同祝愿祖国美好的明天。不少接待单位的领导,见吴贻芳年事已高,怕她过于辛劳,纷纷劝她多休息少跑路,食宿也要给予特别照顾。但这些都被吴贻芳婉言谢绝,她始终坚持与全团人员一起工作,同吃同住,一直坚持到慰问活动结束。

◎ 南京市傅厚岗15号。吴贻芳在这所住宅里,度过了二十多个春秋。

吴贻芳多次向郑璞君要求调换房子,她说:"党和国家给我的关照太多,待遇太高了!我和桂芳两个人就占用了一幢小楼,实在太浪费了。党在落实知识分子政策,房子很紧张,这样的房子我住着于心不安,你去给我申请调换一套小公寓住宅吧!"

郑璞君给吴贻芳送工资的时候,吴贻芳总会开玩笑说:"看看,每个月都有这么大一笔钱,你怎么还嫌我的钱少呢!"每次住

◎ 在这间简朴的客厅里,吴贻芳接待过许多国际友人和国内外校友。

院,吴贻芳都会不住地问郑璞君,贵重药物要花多少钱,雇佣特别护理人员要花多少钱,住院费用一天要多少钱,等等,生怕多花国家一分钱。每当有前去探望的省市领导问吴贻芳有什么要求,她都会要求早些出院。吴贻芳每次住院,只要病情稍见好转,就会像个"老小孩"似的向郑璞君吵着要出院:"小郑呀,我实在想回家了,你就帮我多说说话吧!"

1979 年的美国之行,国家相关部门拨给吴贻芳 25000 美元作为费用,这在 70 年代是一笔巨款。但是吴贻芳因为平时就有节俭的习惯,再加上她考虑到国家的建设需要钱,自己应该尽可能为国家节省资金。于是,在访美期间,吴贻芳一行的食宿基本是在校友家解决的,吴贻芳也没有买任何纪念品,三个人除了机票花费了 3500 美元之外,几乎没有其他任何花销,剩下的钱吴贻芳全部上缴了。

1981年冬季,组织上安排吴贻芳去广东从化温泉疗养,并派了一位女同志陪同照顾,老人对组织的关心十分感激,但她记挂着如何为国家节约一点钱,总想早点返宁。江苏省委统战部蒋宗鲁部长知道了这个情况后,给老人去了一封信,恳切地请她安心休养,她才多留住了几天。后来,在经广州返宁时,机票是下午的,为了剩下半天的房钱,老人便硬是要工作人员将房间在上午退了,自己在宾馆大厅里坐了几个小时。

四 "公和私一定要分明"

吴贻芳因为知名度很高,经常会有不少中外来宾来拜访她,少不了要招待客人,而她总是坚持以私人的名义,自掏腰包,不要国家报销。招待费用开支很大,吴贻芳经常会等不到发工资,就闹起"饥荒"来。秘书郑璞君劝她可以申请报销或补助,因为很多吴贻芳主持的招待其实都是因公,按照规定,是可以报销的。但是吴贻芳坚持认为,招待客人是她的私事,不要报销。郑璞君实在看不过去,曾经瞒着吴贻芳向上级申请了补助。吴贻芳知道后很生气,严肃地批评郑璞君说:"这样的事,请你不要给我'当家做主'!我一生清苦惯了。我请客吃饭,那就是私事,你怎么能要求报销呢?你和我的学生们时常给我带点吃的用的,我不是都接受吗?公和私是一定要分明的!"他听了吴贻芳的话,感动得热泪盈眶,她发自内心地佩服吴贻芳的高风亮节。

1976年初,王韦平来到南京休假。吴贻芳特地到饭店来看他。吴贻芳说自己身体很好,精神也不错,饭量也可以,还经常乘公共汽车去参加民主党派学习班的活动。王韦平考虑到当时吴贻芳已经八十多岁了,坐公共汽车不太安全,就劝她乘坐公家的汽车去参加活动,怕她坐公共汽车会跌跤。吴贻芳说:"以后因公事外出乘国家汽车,私事还是要坐公共汽车的。公和私一定是要分清楚的。"其实,对于吴贻芳来说,她把自己的一切都交给了中国的教育事业,哪里有什么私事!

1979年吴贻芳应邀前往美国出席密执安大学"和平与智慧女神奖"的颁奖典礼。出国前吴贻芳在侄女、表弟陈嘉的女儿、南京工学院教师陈励先的陪同下,上街购买衣料,制作出国的服装。二人步行来到新街口,吴贻芳一边走,一边对侄女说,出国服装的制作费是由国家发的,不应该奢侈,应该尽可能节约,要买物美价廉的。二人去了多家店,吴贻芳都没有选中很合适的——要么是看上了布料,可是价格太贵,要么是价格可以接受,但是布料的款式不适合自己。陈励先看到姑姑累得出汗了,非常心疼,就劝吴贻芳不要太勉强了,可以以后再来,或者,如果有看中的,哪怕贵一点也无妨,不要把自己的身体给累坏了。但是吴贻芳不同意,她一定要买到物美价廉的。吴贻芳稍稍休息了一下,就催促侄女继续陪她采购。终于,在一家不大的商店里,吴贻芳选中了一段布料。营业员按照吴贻芳的要求量了一套西服料子,发现剩下的布料已经不易排上用场了,因此劝说吴贻芳全部买下,说合在一起裁剪可以为陈励先挤出一件背心的用料。为了避免浪费,做到物尽其用,吴贻芳采纳了营业员的意见,把那段布料全部买了下来。可是,吴贻芳坚持用个人的钱来支付多余的一段零头布料费,不划入出国制服报销之列。吴贻芳还郑重地教育侄女说,无论何时何处,都一定要公私分明,决不能沾公家一点便宜。陈励先连连点头。后来,吴贻芳就是穿着这次买到的布料做成的西服在密执安大学领奖的。

五 人民的致敬

1984年1月23日,在吴贻芳九十一岁诞辰前夕,中共江苏省委和省政协的主要领导同志特地前往鼓楼医院向她致以节日的祝贺,并送上了专门为她定制的大型生日蛋糕和中共江苏省委给她的致敬信,内容如下:

敬爱的吴贻芳同志:

喜迎甲子新春,又欣逢您九十一寿辰,我们向您祝贺!并致以亲切的问候!

九十一年来,您经历了中国近代史上三个革命历史阶段,历尽沧桑,饱经忧患,成了与我们共产党人风雨同舟、肝胆相照的老朋友、老同志。

在灾难深重的旧中国,您怀着一颗振兴中华的赤子之心,投身于祖国的教育事业,积极参加反帝、反封建的"五四"运动,两次坚辞出任国民党的教育部长,解放前夕依然留在大陆,迎接新中国的诞生。在这几十年的奋斗中,您以卓越的社会活动才能和在教育事业上的建树,成为中国近代史上一位杰出的女教育家和社会活动家。

解放三十多年来,您始终拥护中国共产党的领导,坚持社会主义道路,为促进教育事业的发展,为团结各界妇女参加社会主义革命和社会主义建设,为实现中国共产党与各民主党派长期共存,互相监督,肝胆相照,荣辱与共的方针,为完成祖国的统一大业,呕心沥血,竭尽全力。中国共产党十一届三中全会以后,您虽然年事已高,仍以饱满的政治热情和高度的责任心,为四化建设献计献策,尽心尽力。您热爱中国共产党,热爱社会主义,热爱祖国,毕生忠诚教育事业,桃李满天下,赢得了人们的崇敬和爱戴。您刚强正直,质朴谦逊,廉洁奉公,言行一致,体现了中华民族的美德和爱国知识分子的风骨。对于您这样一位为人民的事业做出了积极贡献的老同志,我们共产党人和人民群众是不会忘记的。您的爱国主义精神和崇高品质,将激励我们为实现中国共产党第十二次代表大会提出的宏伟目标,为振兴中华,完成祖国统一大业而努力奋斗。

衷心祝愿您健康长寿!

中共江苏省委
一九八四年一月二十三日

1985年11月10日上午8点30分,在度过了近一个世纪的漫长岁月之后,吴贻芳终于走完了她那坎坷而又多姿多彩的人生之路,安详地闭上了眼睛,静静地离开了人世。下午金女大校友齐集鼓楼医院瞻仰校长的遗容,并送遗体去石子岗殡仪馆,16日在石子岗殡仪馆与遗体告别。

1985年11月20日,吴贻芳追悼纪念会在南京隆重举行。各方代表七百多人前来为他们心目中最敬仰的老校长送行。

◎ 1985年11月16日告别吴校长

◎ 1985年11月20日吴贻芳追悼纪念会在南京隆重举行

21日,根据吴贻芳生前遗愿,人们将她的骨灰撒入了滔滔长江之中。一个伟大的中华女儿的冰清玉洁的灵魂,投入到孕育我们民族的母亲的怀抱,回到了她的亲人身边。

◎ 1985年11月21日根据吴贻芳生前遗愿将其骨灰撒入长江

为了永远纪念吴贻芳，国内建立了"吴贻芳全宗"，列为"名人全宗"首卷。

1985年成立了她的纪念室。

1987年9月江苏教育出版社出版了《吴贻芳纪念集》。《吴贻芳纪念集》由邓小平同志封面题签，赵朴初扉页题字，邓颖超、康克清、雷洁琼等同志题词。

人民教育家吴贻芳风范永存

康克清
一九八六.七

爱国丹心传后世
忠诚教育著先鞭
缅怀杰出女教育家
吴贻芳同志

雷洁琼

吴贻芳先生是中国一代的伟大女性

永正 丙寅孟夏

纪念女教育家吴贻芳吃。

邓颖超
1986.6.

《吴贻芳纪念集》系统反映了吴贻芳一生在教育事业上的卓越建树,为统一祖国、振兴中华而努力奉献的耿耿忠心,以及在历史关键时刻,所表现的超乎常人的风度和魄力;缅怀了吴贻芳为人真诚坦率,光明磊落,与共产党荣辱与共、肝胆相照的感人事迹。

同年,金陵女子学院成立。

1990年10月14日贻芳园修缮一新。经南师大谈凤梁校长提议,正式命名为贻芳园。园内设立吴贻芳纪念室,展示吴校长的光辉一生,供后人瞻仰。

1993年吴贻芳诞辰100周年纪念日前夕,吴贻芳汉白玉雕像揭幕。

1994年7月2日,由金女大海内外校友、江苏省人民政府和南师大集资建造的金女院教学楼破土动工。1995年10月金女院教学楼落成剪彩,金女大建校80周年校庆暨吴贻芳教育思想研讨会在贻芳报告厅举行。

2002年9月12日由吴贻芳校长的外甥女、东南大学建筑系

◎ 2012年,《厚生育英才——吴贻芳》、《金女大校友口述史》由南京师范大学出版社出版发行。

资深教授陈励先女士设计的新贻芳园落成,总面积300多平方米。吴贻芳纪念馆同时落成剪彩。纪念馆落成后,国家领导人彭珮云、顾秀莲,全国妇联洪天慧等;民进江苏省委;政府机关干部、公务员、社会团体、大中小学师生、中外校友、外国友人等一万多人次参观了吴贻芳纪念馆,签名留言的有3446人。参观者都深深地为教育家、爱国者、社会活动家吴贻芳博士鞠躬尽瘁为中国的女子高等教育奋斗终生的事迹所感动。2011年吴贻芳纪念馆成为民进中央会史教育基地。

2007年10月19日金陵女子学院于建院20周年暨金陵女子大学建校92周年之际，成立了"吴贻芳研究中心"，以更好地学习、研究吴贻芳的一生，传承金女大宝贵的精神财富。

附录：吴贻芳生平大事

1893年1月26日，出生于湖北省武昌城一个候补知县家庭，排行第三，别号冬生。

1904年3月，因姐姐吴贻芬以命相拼，父母同意姐妹俩入杭州弘道女子学堂学习。

1906年12月底，姐妹俩在姨父陈叔通的开导下，考入上海启明女子学校。

1907年1月，姐妹俩考入苏州景海女子学校。

1909年，父亲吴守训因公案投江自尽，生活来源断绝，被迫辍学。全家由武昌迁往杭州外婆家。

1912年，全家由杭州迁往上海，哥哥、母亲、姐姐相继离世。和9岁的妹妹、7旬的祖母迁往姨妈家居住。

1913年，在姨父陈叔通的资助下，就读于杭州弘道女子学堂，插入四年级学习。

1914年2月，因陈叔通先生赴京就职，迁居北京，吴贻芳在北京女子师范学校和该校附属小学任英文教员。

1915年12月底，随陈叔通先生搬到上海。接到南京金陵女子大学美籍教师诺玛丽女士来信，被推荐入大学深造。

1916年2月，作为特别插班生进入金陵女子大学一年级学习。

同年夏天,在同班好友徐亦蓁的引导下,在上海四川北路曼摩氏女中的浸礼会怀恩堂接受洗礼,成了一名虔诚的基督教徒。学校批准成立学生自治会,被选为会长。

1919年6月2日,带领全校50余名学生走上街头,声援北京"五四"学生运动。

6月25日,成为中国第一批获得学士学位的女大学毕业生。

秋天,接受北京女子高等师范学校校长方还先生聘请,担任该校英文教师和英语部主任。

1921年冬,为到北京女子高等师范学校参观的美国蒙特霍利克女子大学校长做口语翻译,并表示愿意留学深造。

1922年5月,接美国密执安大学函,接受该校给予的巴勃儿奖学金,入该校研究生院攻读生物学专业。8月,赴美就读。

1924年,被推荐为北美中国基督教学生会会长,当选留美中国学生会副会长,并担任密执安大学中国学生会会长和科学会会员。

1928年1月13日,校董会提名吴贻芳担任校长的建议得到了金陵女子大学委员会的同意。

1928年春,收到金陵女子大学董事会聘书,担任金陵女子大学校长。

8月,获得博士学位后,回到金陵女子大学。

11月3日,出席新校长就职典礼,发表就职演讲。

1929年1月14日,吴贻芳向全校报告学校立案筹备情况。

1930年12月,经国民政府教育部核准,学校正式注册立案,更名为金陵女子文理学院,任院长。

是年,在《教育季刊》第6卷第2期上发表文章《基督教教育之特殊贡献》。

1931年,主持金陵女子文理学院院务,将宗教课由必修课改为选修课;学校的每日早祈祷、周日宗教仪式均由统一参加改为自由参加,将附中扩充为完全中学。

1933年4月27日,应邀参加九江Rulison学校16周年校庆活动。该校常年有大批毕业生报考金女大。

7月16日至18日,应邀出席在美国芝加哥召开的国际妇女会议,会后赴班夫出席太平洋国际关系学会的会议。

1934年初,回国后发现妹妹吴贻荃失踪,多方寻找,未果。

1934年5月2日,访问厦门、广州、香港、雅加达、马尼拉等地的学校与金女大校友。每到一地,即发表讲话,接受采访,宣传金女大。

6月26日,在新礼堂举行第16届(1930级)毕业典礼。蒋介石、宋美龄夫妇接受吴贻芳校长的邀请出席毕业典礼。

1935年11月16日,赴上海出席中华基督教全国协会执行委员会会议。任该会会长。

12月8日,宴请前菲律宾副总督里顿氏。中央大学校长罗家伦等陪同。

1936年5月3日至11月6日,应邀赴英国伦敦出席国际基督教协进会常务委员会议。会后赴美参加哈佛大学300周年纪念典礼。离校期间由张肖松代理校务。

1937年,因8月15日日军飞机轰炸南京,决定建立3个办学中心:上海中心、武昌中心、成都中心。

1937年12月3日，离校，乘船赴武昌。

1938年1月，赶赴成都，安排学生及女教职员工借住华西大学女子学院，办公处借华西大学万德门纪念楼。教职员13人，学生25人。

3月28日，到上海与董事会协商学校的未来发展计划，学校决定关闭上海的办学中心，集中于成都办学。

7月，担任第一届国民参政会参政员。

9月，在成都华西大借地自建校舍，任学生厚生团顾问。

1939年7至10月，停设数学系、物理系，增设家政系。设立乡村服务处，为当地妇女儿童服务。

1939年10月2日，演讲《如何振作精神》，会后共募捐到学生捐款119元，教职员工捐款326，加上9月结余，合并捐给前线战士做寒衣。

1940年6月，在 The Chinese Recorder 发表文章 Woman In The War。

7月，停设哲学系。

12月底，作为中华基督教协进会执行主席、中国基督教教育委员会主席，率领中国代表团参加国际基督教协进会10年大会，介绍中国人民抗战情况，呼吁国际社会支持和声援中国抗战。

1941年3月，当选第二届国民参政会主席团五人成员之一，主张抗日和实行民主。

4月，接受国民政府教育部为大专院校专任教员的颁奖，获得三等奖。

1942年7月,担任第三届国民参政会参政员。

10月,当选第三届国民参政会主席团主席。

11月,在建校27周年庆祝会上讲演金陵女大精神。

1943年2月15日,举行本学期第一次民国诞生纪念周,亲自演讲。

1943年3月,参加"六人教授团",以国民资格到美国各地宣传中国抗战。增设儿童福利专业。

3月6日,以国民资格接受邀请加入"战后问题中国研究小组",赴美国宣传中国抗战,同时与美国教会大学联合托事部商洽金女大发展事项。全校师生欢送吴贻芳离校赴美。在美国逗留一年时间。

5月,接受美国史密斯学院荣誉法学博士称号,再次荣获国民政府教育部奖励。

6月14日,联合国纪念日,全世界32个联合成员国在华盛顿宪政大厅热烈庆祝,在庆祝会上发表演说。

1944年3月1日,访美归来,受到金女大全体师生的热烈欢迎。

1944年6月4日,在本校为生物系前主任黎富思博士创立奖学基金。由吴贻芳、郝映青、胡秀英、刘华屏、吴美临、陈玉清等先生筹赠约18000元,下半年用于奖励生物系成绩优良的学生。

9月5日,出席国民参政会,任会议主席团主席。

1945年3月29日,随中国代表团前往美国旧金山,出席联合国宪章起草会议。原定时间为4至6个月,后因健康原因,直至1946年才返回中国。

1945年4月15日至6月25日，作为中国代表团成员，出席旧金山联合国制宪会议。

5月4日，作为中国出席代表在旧金山举行首次记者招待会。

接受旧金山米尔斯学院授予的哲学博士学位。

5月29日，全校师生在校广场收听吴贻芳校长在旧金山向国内的广播。

6月26日，作为中国代表团成员之一，在《联合国宪章》上签字。

于美国旧金山给1945级毕业生发贺电。

1946年1月，回到南京校园，组织复校工作。

2月，拒绝出任教育部长。

9月23日，金女大在南京原校址复课。为集中精力于学校重建，辞去基督教协会执行委员会主席职务和其他一些兼职。

11月，再次被选进国民参政会主席团。主张兼职不兼薪，将代表和主席办公费捐做家庭贫寒的优秀学生的奖学金。

11月5日，宣布不参加国民大会主席团。

11月10日，美国驻华大使司徒雷登参加校庆纪念活动并作讲演。下午在本校隆重举行华群教授追思会。讲述华群教授事略。

11月15日，以社会贤达资格被选为国民大会代表，并选入主席团。坚持兼职不兼薪，将代表的公费，继续全部捐作本校家境贫寒的优秀学生的奖学金。

11月底，作为主席团成员出席在上海举行的全国儿童福利工作会议。11月，学校设奖学金与贷金，以协助家境清寒的优秀学生完成学业。奖金无须归还，贷金则于毕业后，分期无息归偿。这一举措施行以来收效颇宏。

1947年年初，当选中国基督教教育委员会会长，世界妇女界中国协会会长。

3月16日至5月10日，赴沪参加联合国善后救济总署中国分署和行政院善后救济总署联合在沪召集的社会福利工作会议，之后又参加中华基督教高等教育会议、美国援华会举行的会议。

5月20日，即"五二〇"惨案发生的当天，在国民参政会四届三次会议的午餐会上，就警察殴打爱国学生事件当众质问蒋介石。

7月中旬，应联合国教育科学文化组织要求，中国教育科学文化委员会开始筹备，被聘为筹备委员。

8月中旬，中国教育科学文化委员会成立，均为全国知名人士，任执行委员。

9月3日至13日，联合国教育科学文化组织在南京召开远东区基督教会议。出席会议的有8个国家的代表，吴贻芳作为中国的副代表参加了会议。

10月，全国13所教会大学学生数超过15000人。由于在抗战中损失严重，战后物价高涨，复校困难，为此教会大学联合托事部决定在国外长期捐募，同时组织中国基督教大学联合募捐会。各校推举吴贻芳校长为主席，以捐募200亿为目标。当时国民政府教育部拨 60 亿元,余下的由募捐会努力。

1948 年 3 月 10 日,中华全国大学妇女会南京分会在金女大大礼堂召开成立大会。大会由吴贻芳报告本会成立之意义。大会选举理事、监事,金女大有多人被选为理事、候补理事、监事等;

4 月 19 日,《大学周报》举办大学校长座谈会,会议由吴贻芳主持,会议论题为如何改进大学教育及当前时局之出路。出席的大学有北大、武大、北平师院、同济大学、上海法学院、金陵大学、政大、音乐院、建国法商学院、东方语专、金女大等等。

4 月 23 日,中国基督教大学联合募捐会在上海举行募捐结束会议,结果募得国币 93 亿元。吴贻芳作为募捐会主席决定了分配原则。根据分配原则,金女大分到捐款 762044 元。

5 月,前往国民政府教育部声明:为了学校的尊严,女子大学的声誉,军警特宪不得进入金女大,不得到校内秘密捕人。

9 月,建议校训导委员会改为学生生活辅导委员会,设立生活辅导处。

12 月,收留苦命女子晋桂芳。

12 月底,校董会召开会议,部分董事建议学校迁往台湾。吴贻芳断然拒绝。

1949 年 3 月 10 日,再度拒绝出任教育部长。

4 月 2 日,到鼓楼医院慰问 4 月 1 日参加"争自由、争民主、争和平"示威游行中受伤的学生。

4 月 22 日,退还宋美龄馈赠的赴台机票,留守南京。

4 月,为了保障南京人民的生命财产安全,与退役将军马青苑等自发成立了临时治安委员会。

4月23日,迎接解放,上街欢迎解放军进城。

5月16日,参加南京市军事管制委员会、中共南京市委、南京市人民政府联合召开的、由各界知名人士和社会贤达参加的座谈会。

9月初,应邀赴京出席全国人民政治协商会议第一届会议。

10月1日,在北京天安门城楼观礼台,参加中华人民共和国开国盛典。

11月29日,在金女大召开新中国成立以来第一次教务会议。

12月,与陈中凡教授、刘开荣先生和佟树珍同学参加南京市各界代表大会。

1950年5月28至6月17日,赴京出席第一次全国高等教育会议。

7月,与近50位基督教领袖人物倡议发布《中国基督教徒在新中国建设中的努力方向》宣言,征得了全国40多万(近50%)基督教徒的签名。

10月,与陈中凡教授、曹琬出席第四届南京市各界代表会议。

11月14日至18日,金女大医预科学生李芸本、社工系学生李振坤、朱文曼分别写信给校学生会执委会,指出美籍教授费睿思在讲授《英文》、《社会制度》、《现代社会学说》课时,散布攻击"抗美援朝"的言论。学生会公布了这些信,之后,各级各科纷纷展开讨论。

11月27日,金女大开展"抗美援朝,保家卫国"宣传教育活动。

12月2日,《新华日报》发表文章,揭露了费睿思的言行,南京市各校代表700余人参加了在金女大举行的"反侮辱、反诽谤控诉大会"。

12月3日,南京市60余所大中专院校发起声势浩大的声援金女大活动。

12月5日,控诉美帝罪行活动向全国发展。

12月17日,美国政府宣布冻结中国在美资金,并停止美元汇来中国,金陵女子文理学院面临危机。

1951年1月6日,决定接受中央人民政府经费,金陵女子文理学院与金陵大学合并为公立金陵大学。

9月15日,任金陵大学校务委员会副主任委员。

1952年7月,出席南京市"七一"座谈会。

12月5日,全国高校院系调整,在金陵女子文理学院旧址建立南京师范学院。任南京师范学院第二副院长。

1953年1月,任江苏省教育厅厅长。召开了全省第一次由各专署、市、区、县的文教领导干部出席的教育行政扩大会议。

1954年8月,当选江苏省人大代表。

9月,当选全国人大代表,参加第一届全国人民代表大会。

1955年1月,当选江苏省首届民主妇联执行委员会副主席。

2月,担任江苏省人民委员会和中国人民反对使用原子武器签名运动委员会委员。

3月,加入中国民主促进会。

6月,赴芬兰赫尔辛基出席世界和平大会。

7月,参加在北京召开的一届人大二次会议,被选举为中华人民共和国出席各国议会联盟会议代表团执行委员。

1956年3月8日,在江苏省妇女界庆祝大会上发表《妇女们,为了建设社会主义要努力学习文化》的重要讲话。

6月19日,江苏省推广普通话工作委员会正式成立,副省长管文蔚被任命为主任委员,吴贻芳被任命为副主任委员。

8月初,当选为中国民主促进会第四届中央委员会常委。

8月24日,当选为江苏省副省长,是江苏有史以来第一位女省长。

10月,在香港《大公报》发表致留美中国学生公开信。

10月12日,在江苏省第一次优秀教师代表大会上做《总结和推广优秀教师的经验,为积极稳步提高教育质量而奋斗》的重要讲话。

1957年3月,任中国民主促进会南京市委员会主任委员。

4月,当选为江苏省民进筹委会主任委员、民进全国执行委员会常委。

9月,当选中华全国妇女联合会执行委员会委员。

1958年4月,赴维也纳出席国际民主妇女联盟第四次代表大会,作《关于新中国儿童教育事业现状与发展》的讲话。

1961年1月,当选为中国基督教第二次全国会议副主席,并连任中国基督教"三自"爱国运动委员会副主席。

1962年1月,当选民进江苏省委员会主任委员。以后连选连任,直至去世。

1月以后,担任中国人民保卫世界和平委员会江苏省分会副主席、中国对外文化协会江苏省和南京市分会会长。

10月6日,应邀来到南京师范学院,参加建院十周年庆祝大会。

12月,参加江苏省教育厅召开的中小学教学座谈会,作了《进一步提高英语教学水平》的讲话。

1963年11月,应国家文字改革委员会主任吴玉章的邀请,赴北京参加了关于文字改革问题的座谈会。

1964年9月,当选为第三届全国人民代表大会代表。

12月,被选为第三届人大一次会议主席团成员。

1965年1月,赴京参加三届人大一次会议,并以执行主席的名义主持大会。

6月,连任中国人民保卫世界和平委员会委员。

10月,任孙中山先生百年诞辰筹备委员会委员。

1965年年底,出任江苏省各界人士春节慰问团副团长,亲自率领慰问团到省内各地慰问中国人民解放军。

1966年2月17日,二姨父陈叔通先生在北京逝世。

1966至1970年,在"文化大革命"中受到冲击,曾去江苏省句容县石头山茶场4个月。

1971年,以全国人大代表身份参加外事活动、社会活动。

1973年1月26日,撰写《八十生辰感言》。

8月20日,接见原国民党"国大代表"缪云台。

1975年1月30日,作为第四届全国人大代表,在北京参加第四届全国人民代表大会第一次会议。

1978年1月,当选政协江苏省第四届委员会委员、江苏省革命委员会委员。

1978年2月，当选中国人民政治协商会议第五届全国委员会第一次会议主席团主席、民主促进会委员、中华人民共和国第五届全国人民代表大会代表。

3月7日，参加全国妇联和北京市妇联为欢庆"三八"妇女节举行的茶话会。

3月8日，当选中国人民政治协商会议第五届全国委员会第一次会议常务委员。

3月22日至24日 为传达贯彻五届全国人大和五届全国政协会议精神，政协江苏省委员会举行四届一次常务委员会，吴贻芳作为副主席参加了会议。

9月，参加中国妇女第四次全国代表大会，并当选主席团主席之一。

10月6日，江苏省妇联和南京市妇联在南京五台山体育馆召开大会，传达贯彻中国第四次全国代表大会精神。吴贻芳作为全国妇联副主席参加会议。

1979年2月1日，参加金女大在宁校友新春茶话会。

4月21日，赴美国密执安大学接受"和平与智慧女神奖"。

4月27日，参加美国密执安大学"和平与智慧女神奖"颁奖仪式。

5月初，在美国看望各地的老朋友和金女大校友。

6月6日，在纽约参加金女大美国校友会双周年会。

6月25日，返回北京。

6月17日，当选五届人大预算委员会委员。

8月15日,建议成立上海校友会。

11月,上海校友会成立。

9月,江苏省教育学会成立,当选名誉会长。

10月25日,当选民主促进会常务委员。

12月,入选江苏省五届人大二次会议主席团。

1980年1月1日,省妇联举行茶话会,招待出席五届人大二次会议的女代表和省政协四届三次会议的女委员。省人民政府副省长吴贻芳在会上讲了话。

2月20日,在南京师范学院参加金女大校友联欢活动。

11月底,受邀赴上海参加金女大上海校友会第二次年会。

1981年初,会见美籍校友朱觉方。

5月1日,接见上海校友四十余人。

3月7日,出席省暨南京市妇联在南京人民大会堂举行的隆重纪念"三八"国际劳动妇女节大会。

3月29日,江苏省成立纪念辛亥革命七十周年筹备委员会,吴贻芳是筹备委员会委员之一。

10月1日,应邀参加南师附中建校七十九周年庆祝大会。

10月,力促修复九烈士墓。九烈士之一杨光洼的妹妹杨立林(金女大校友)及其家人来南京菊花台扫墓。

12月,到广东从化温泉疗养。

1983年3月,因病住院治疗。

6月,出院后去苏州疗养期间,在学生朱绮协助下,撰写《金女大四十年》一书,由江苏教育出版社出版。

4月23日,副省长吴贻芳参加南京市鼓楼幼儿园建园六十周年庆祝活动,并且嘱咐小朋友们要听陈爷爷(陈鹤琴)的话。

5月8日撰文《着眼基础,面向未来,全社会都来关心和培育祖国的幼苗》,庆祝江苏《幼儿教育》杂志出版。

6月3日,当选中国人民政治协商会议第六次全体委员会议第一次主席团成员。

6月17日,当选中国人民政治协商会议第六届全国委员会常务委员。

7月,参加江苏省政协五届二次常委会。

9月1日,当选中国妇女第五次全国代表大会主席团成员。

9月10日,当选全国妇联五届执委会委员、全国妇联副主席。

11月初,邀请金陵女子大学在美国和加拿大校友回国参加金女大创建70周年纪念活动。

11月22日,当选民进七届中央委员会委员。

1984年1月23日,在91岁诞辰前夕,中共江苏省委和省政协的主要领导前往鼓楼医院为她祝寿。

3月,南京师范学院正式更名为南京师范大学,担任名誉校长。

5月,为《幼儿教育》杂志撰文《幼儿教育也要"三个面向"》,庆祝其创刊一周年。

9月27日,在病中为国庆35周年撰写文章《回忆与祝贺》。

10月31日,在医院会见美国金女大校友。

11月1日,在南京师范大学校园内会见金女大校友和南师大师生。

11月,出席在北京召开的民进中央第七届全国代表大会,并当选为民进中央副主席。

1985年1月26日,吴贻芳92岁诞辰,江苏省省党政领导人前往鼓楼医院为她祝寿。

1985年5月11日,正式致函江苏省政府,建议在南京师范大学(原金女大校址)内,增设一所公办民助性质的金陵女子学院。

1985年5月23日,于病中在鼓楼医院里口授了一封给旅美金女大校友的信,信中正式向校友提出增设金陵女子学院的建议。呼吁海内外的金女大校友都来支持这一事业,为此献计献策,贡献一份力量。

7月26日,在《江苏工人报》发表《寄语教苑群英》,庆祝第一届教师节。

8月28日上午,参加民进江苏省委暨南京市委在南京北极会堂隆重召开的大会,庆祝新中国首届教师节,并发表录音讲话。

9月20日,病情进一步恶化。弥留之际仍记挂筹办金陵女子学院事宜。

10月31日下午,江苏省委韩培信、沈达人、顾秀莲、孙颔同志到南京鼓楼医院看望吴贻芳。

11月1日,全国人大常委会副委员长彭冲、中共中央政治局委员习仲勋等领导前往南京鼓楼医院看望吴贻芳。

11月10日上午8时30分,吴贻芳安详地闭上了双眼,离开了人间。

11月20日,吴贻芳追悼纪念会在南京隆重举行。参加追悼纪念会的有各方面的代表700多人。

参考资料

吴贻芳：《金女大四十年》江苏省金女大校友联谊会　1983

《吴贻芳纪念集》江苏教育出版社　1987

朱学波：《吴贻芳》江苏文史资料编辑部　1993

金一虹等：《吴贻芳的教育思想与实践》江苏人民出版社　2005

张连红主编：《金陵女子大学校史》江苏人民出版社　2005

徐海宁：《中国近代教会女子大学办学研究——以金陵女子大学为个案》南京师范大学出版社　2008

程斯辉、孙海英：《厚生务实　巾帼楷模——金陵女子大学校长吴贻芳》山东教育出版社　2004

孙海英编著：《金陵百屋房　金陵女子大学》　河北教育出版社　2004

《金陵女儿》(1—4集) 南京师范大学金陵女子学院

《校友通讯》1—24期　金女大校友会　金女院

《金女大大事记》(1913—1953)　金女大校友会　金女院　1983

《永久的思念》　金女大校友会　1993

孙建秋编著：《金陵女大(1915—1951)金陵女儿图片故事》广西师范大学出版社　2010

许辉主编：《江苏爱国名人》中国文联出版社　1998

章开沅主编：《基督教与中国文化丛书——文化传播与教会大学》湖北教育出版社　1996

潘懋元等编：《中国近代教育史资料汇编·高等教育》上海教育　2007

雷良波、陈阳凤、熊贤君：《中国女子教育史》　武汉出版社　1993

熊贤君：《中华民国教育史》　重庆出版社　1990

田正平主编：《中外教育交流史》广东教育出版社　2004

胡华玲：《金陵永生：魏特琳女士传》　人民文学出版社　2000

（美）魏特琳：《魏特琳日记》江苏人民出版社　2000

曲士培：《中国大学教育发展史》山西教育出版社　1993

吴梓明：《基督宗教与中国大学教育》中国社会科学出版社　2003

（德）卫弥夏：《多元主义中的教会》中国社会科学出版社　2010

黄新宪：《基督教教育与中国社会变迁》福建教育出版社　2000

刘宝存：《大学理念的传统与变革》教育科学出版社　2004

刘家峰：《抗日战争时期的基督教大学》福建教育出版社　2003

何兆武：《中西文化交流史论》中国青年出版社　2001

（美）多诺万：《女权主义的知识分子传统》江苏人民出版社

2003

南京市鼓楼区政协文史资料委员会：《鼓楼文史·第四辑》（内部刊物） 1992

《金女大大事纪（1913—1953）》金陵女子文理学院校友会出版

德本康、蔡路得：《金陵女子大学》珠海出版社 1999

周小李：《社会性别视角下的教育传统及其超越》 教育科学出版社 2011

乔素玲：《教育与女性——近代女子教育与知识女性觉醒（1840—1921）》天津古籍出版社 2005

罗苏文：《女性与近代中国社会》中国社会出版社 1996

熊贤君：《中国女子教育史》山西教育出版社 2009

夏蓉：《妇女指导委员会与抗日战争》人民出版社 2010

米利特：《性的政治》社会科学文献出版社 1999

卢燕贞：《中国近代女子教育史》（台）文史哲出版社 1989

徐以骅：《教会大学与神学教育》福建教育出版社 1999

史静寰、王立新：《基督教教育与中国知识分子》福建教育出版社 1999

朱峰：《基督教与近代中国女子高等教育——金陵女大与华南女大比较研究》福建教育出版社 1999

张宪文：《金陵大学史》南京大学出版社 2002

陈东原：《中国妇女生活史》商务印书馆（影印） 1998

谢长法：《借鉴与融合——留美学生抗战前教育活动研究》河北教育出版社 2001

政协西南地区文史资料协作会议：《抗战时期内迁西南的高等院校》贵州民族出版社　1988

（美）卢茨：《中国教会大学史（1850—1950）》浙江教育出版社　1988

李湘敏：《基督教教育与近代中国妇女》福建教育出版社　1999

（德）拉贝：《拉贝日记》江苏人民出版社　2009

杜学元：《中国女子教育通史》贵州教育出版社　1995

陈能治：《战前十年中国的大学教育（1927—1937）》（台）商务印书馆　1990

《方非纪念文集》编辑组：《方非纪念文集》　2010

金生鈜：《正德厚生：大学校长的教育责任——读〈厚生务实　巾帼楷模—金陵女子大学校长吴贻芳〉》《当代青年研究》2006年第2期

《新华日报》1978年至1985年关于吴贻芳的相关报道

中国第二历史档案馆相关资料

南京师范大学档案馆相关资料

美国耶鲁大学图书馆金陵女子大学档案

美国杜克大学图书馆金陵女子大学档案

后 记

吴贻芳博士(1893—1985年)1919年毕业于金陵女子大学,是在中国本土第一批获得学士学位的女大学生之一。1928年获美国密执安大学生物学博士学位,同年任金陵女子大学校长。1979年获美国密执安大学"和平与智慧女神"奖。吴贻芳以卓越的社会活动才能和在教育事业上的建树,成为中国近代教育史上一位杰出的教育家和社会活动家。为人民的进步事业作出了重大贡献。

作为中国杰出的教育家,吴贻芳任金女大校长23年,将一个教会女子学校办成民国时期最负盛名的一流女子大学。吴贻芳的教育理念和在教育实践方面的成就,在中国教育史上拥有不可替代的地位。

作为誉满中外的社会活动家,吴贻芳热爱祖国、热爱人民、热爱中国共产党,她为人民的进步事业奋斗到生命的最后一息。抗日战争时期,在动荡不安和艰难困苦的环境中她一边认真办学,一边组织和参加各种抗日救亡活动。1945年4月,在美国旧金山召开的联合国制宪大会上,吴贻芳代表中国在大会制定的联合国宪章上签字,成为在联合国宪章上签字的第一位女性。

中华人民共和国成立后,吴贻芳历任江苏省教育厅厅长、江苏省副省长等职务,主要分管教育、妇女和儿童、民主党派和宗教、对外交流等工作。她走遍城乡的千余所学校进行调研、视察、检查和指导。江苏的教育事业长期走在全国前列,同吴贻芳作出的贡献是分不开的。

　　本书参考并引用了朱学波、张连红、金一虹、孙海英、程斯辉、金生鈜、朱峰、徐海宁、孙建秋等同志对吴贻芳和金女大的诸多研究成果,力图全面、真实地展示吴贻芳光辉的一生。第二作者孙国锋同志做了大量的资料采集和整理工作。本书得到金女大南京校友会、北京校友会、上海校友会、海外美加校友会、金女院校友会诸多校友的大力支持和具体帮助,值此付梓之际,一并谨致谢忱。

钱焕琦

2012年8月于南京师范大学随园

图书在版编目(CIP)数据

厚生育英才——吴贻芳/钱焕琦,孙国锋编著.
—南京:南京师范大学出版社,2012.8
(随园大家丛书)
ISBN 978-7-5651-0975-1

Ⅰ.①厚… Ⅱ.①钱… ②孙… Ⅲ.
①吴贻芳(1893~1985)—传记 Ⅳ.①K825.46

中国版本图书馆 CIP 数据核字(2012)第 190187 号

书　　名	厚生育英才——吴贻芳
丛书策划	丁亚芳　戴联荣
作　　者	钱焕琦　孙国锋
责任编辑	高朝俊
出版发行	南京师范大学出版社
地　　址	江苏省南京市宁海路 122 号(邮编:210097)
电　　话	(025)83598919(传真)　83598412(营销部)
	83598297(邮购部)
网　　址	http://www.njnup.com
电子信箱	nspzbb@163.com
照　　排	南京理工大学印刷照排中心
印　　刷	南京精艺印刷有限公司
开　　本	880 毫米×1230 毫米　1/32
印　　张	9.875
字　　数	204 千
版　　次	2012 年 8 月第 1 版　2014 年 12 月第 2 次印刷
书　　号	ISBN 978-7-5651-0975-1
定　　价	29.00 元
出 版 人	彭志斌

南京师大版图书若有印装问题请与销售商调换
版权所有　　侵犯必究